回音 著

走，爬山去
LET'S GO
HIKING

浙江摄影出版社
全国百佳图书出版单位

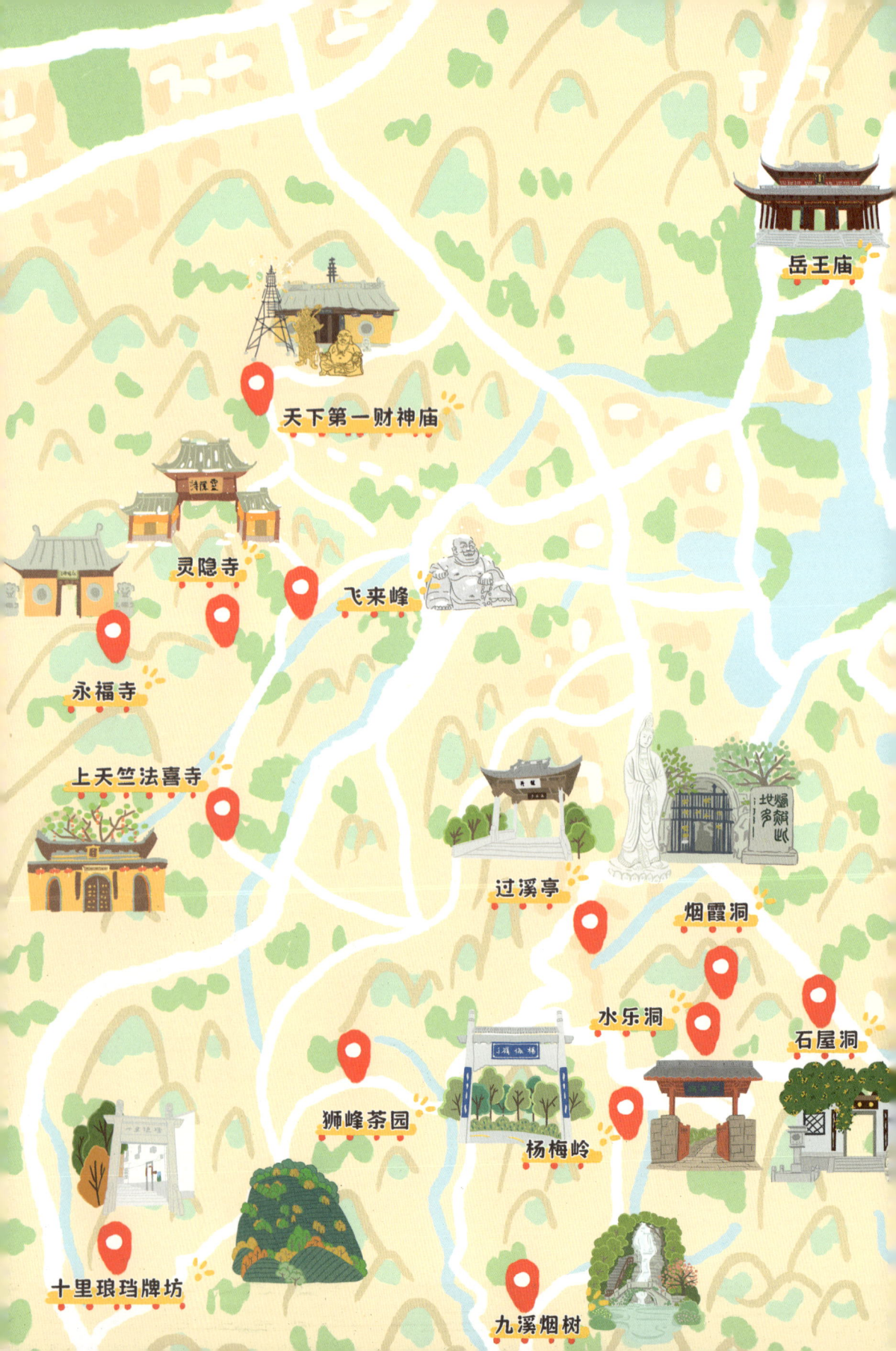

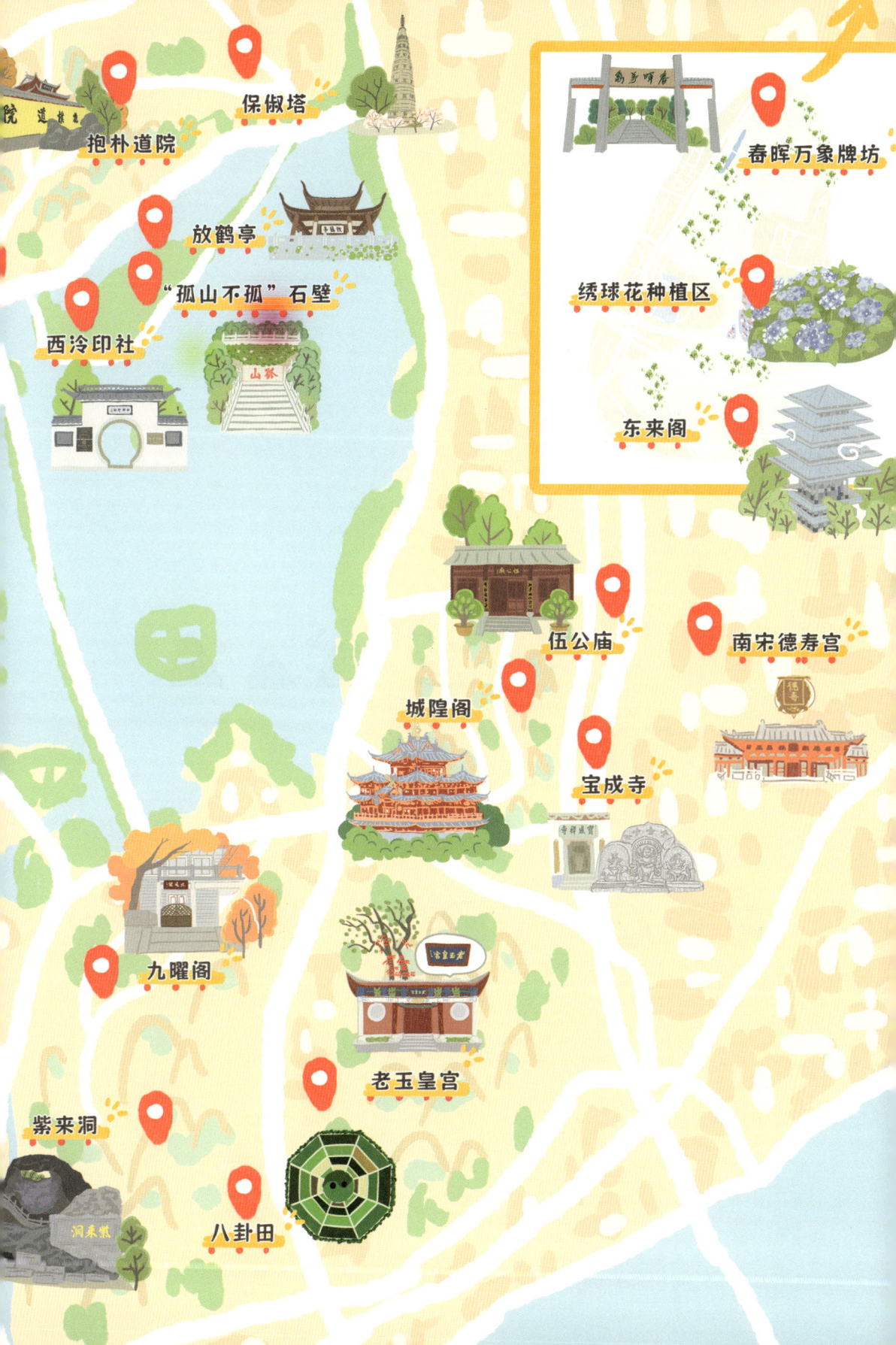

我是山仔

我是山仔,很绿的山仔,
因为"绿水青山就是金山银山"。

我是山仔,有一点调皮的山仔,
表情丰富到可以做成表情包。

我是山仔,爱爬山的山仔,
春夏秋冬每个季节都是爬山的好时节。

这是一本"随时随地可以拿起来看的登山书",
不论你在一年里的哪一天打开这本书,
都能发现"刚刚好"的风景。
而我将作为向导,带你走进风景里,
一起成为风景的一部分。

 我在计时

我在测量身高(显示海拔)

爬完山,吃碗面条,
或是喝杯茶,喝杯咖啡,歇一歇

这是山仔家族成员
快来和我们一起爬山吧!

序

我的课代表有一天来找我,让我帮她的书写序。

我说:"我就是一个中学老师,也从来没写过序,恐怕写不来啊!"

她笑道:"就是一本小书而已,不要有太多的压力。"

回音是我的第一届学生,也是我的语文课代表。20多年前,我是初上讲台的教坛"小白",班里有一群极聪明但有些调皮的学生,所以我时常陷入困境和窘境。那时的她会说会写、敢说敢管,比我更有老师的气质和气势,常常在我手足无措时助我一臂之力,我对她是非常感激的。这么多年过去了,我的课代表写的书会是什么样的呢?我很好奇。于是我答应了她。

在一个阳光温暖的冬日,我翻起了这本厚厚的大大的"小书",不知不觉中竟读完了全书。我想,如果回音称她的书为"小书",倒也并无不可:一是因为她从自己爬山的经历写起,是为"小事之书";二是因为她所写之山,都在近处,所述之事,亦是家常,这是"小处之书";三是她借着写山写了儿时的记忆,可称"小时之书";四是她的两个孩子在书中出力颇多,可谓"小孩之书"。

但读了全书的我,如果还视其为"小书",那无论如何都是不合适的。

回音的书,有其独特之处。我们现在写旅游的书,常见的有景点介绍、游者手记、游地历史、名家品鉴之类。这本书,似乎兼而有之,但又不同于此。她的书有景点介绍,有旅游线路,有出行时机,确可作一本旅行手册来读,但书中却又有寻常巷陌,有不起眼的小店肆,有不经意间遇到的小人物,所以又多了一些烟火味。她的书写了自己一些爬山的经历,但除爬山之外,她也写人、写心,写过去和现在,写寻找和失落,写快乐和烦闷,她告诉我们可以怎么游山,也告诉我们什么是生活,所以多了一些烟霞气。她的书中也写杭州的历史和名人,也引名家的诗文,但这些都被她自己的语言包裹,和小石头、小藤萝、小麻糁一起,成了她的思想和情感。

所以回音的书,可用"丰富"一词形容。"丰"是多而足,"富"是足而优,"丰富"不能以文字多少、所写之物事多少来衡量,而是应从读者的角度去体悟。好的作品,可以让不同的读者有不同的获得,各取所需,不虚此行。这本书,外地游客读了,可知到了杭州什么景可赏,什么路易走,什么东西好吃;老杭州人读了,则会有一种说我身边事的"沧海桑田"的熟悉感;做父母的读了,会想着当带着孩子走一走、看一看、品一品了；当孩子的读了，多会生出寻找那小物事、小美食、小情趣的探索之心。比如我读了这本书，就对里面"孤山不孤，断桥不断"的历史很有兴趣，也对北高峰的"老冰棍"颇有共鸣，就很想去看一看法喜寺五百年树龄的白玉兰，到"看得到西湖的茶"的龙井茶园里呼吸四月的山间气息，到纯真年代书吧坐一坐，回忆一下我的"纯真年代"……

　　回音这本书，感人至深的是情。她自己说，这是"一封写给杭州的情书"。但我想，这又何止是写给杭州的。这本书，她一定是写给自己可爱的孩子的，她想让他们知道原来游玩可以变成一门学问，原来小孩也可以有自己的表达，原来生活可以是"柴米油盐酱醋茶"，也可以是"琴棋书画诗酒花"；一切皆在一"心"一"行"而已。她的书，恐怕还是写给自己的，一个土生土长心灵激荡的杭州孩子、一个离家多年经历人生点滴的游子、一个重回故乡归于平凡的母亲……所以在她的笔下，山是好的人是美的，树是绿的水是清的，父亲睿智母亲温和，阳光温柔文字熨帖……我有时想：什么人对故乡最爱？大概就是在外一圈又回来的人。一直在近旁，虽有感受却不懂珍惜；曾经离开，回来时感触才深。古人"乡音无改鬓毛衰""近乡情更怯"都含有这样的情感。其实啊，我们不管在哪儿，"心""情"之所在才是最重要的，苏东坡的"此心安处"和上天竺的"莫向外求"恐怕都是这个意思。

　　对于常去爬山的人，我向来是很羡慕的，因为这表明他们有活力，有情致，也有忙里偷闲之心；而对于爬了山之后能以文记之的人，我是钦佩的，因为这说明他们有将生活走向更深处、更远处、更高处的意愿和意志。我1997年来到杭州，至今已有28年，然而还没有爬完杭州的山，有些去过却也只是到此一游。这次读这本书，让我有了一次借文而游的机会，同时也让我对古人说的"读万卷书，行万里路"有了新的理解：如果行路不成，那么以读书行之；如果读书让你心有所动，那么不妨出去走走。

　　想起刘墉说的一句话："你可以一辈子不登山，但你心中一定要有座山。"我在想，"登山"和"爬山"到底有什么区别，这本书告诉我："登山"重在征服，"爬山"重在体验；"登山"需要意志，"爬山"需要心情；"登山"是对自己的挑战，一二人即可，"爬山"则最好是三五好友或一家老小，走走停停，说说笑笑……

　　所以，我决定，周末带上家人——沿着书中所写的线路——爬山去。

盛旭峰

2025年1月8日

自 序

一封写给杭州的情书

我从来没想过,我的第一本书,会是一本关于杭州的书。

历史上写杭州的名人大家数都数不过来,写杭州的书怕是能填满一座图书馆,我哪里来的勇气,斗胆写一本关于杭州的书?我细细回味当初起念的那个瞬间,推动我的不是勇气,而是爱。

我18岁离开杭州,在外漂泊了18年,再回到杭州的那一年,正好是我的第三个本命年。从隔离酒店出来的那一天,正好是我的生日。回到家,家人准备了一桌饭菜和生日蛋糕,我又用外卖软件点了一桌过去两个多月来心心念念做梦都想吃又吃不上的食物。在那一刻,幸福是具象的。吃完饭,我想一个人出去走走,于是开车一路游车河,到了西泠桥和孤山路连接处的那个黄金位置,那是我小时候一个人看日落的地方。从前心情好或者不好的时候,我都会骑上自行车,一路蹬到西湖边,坐在那张长椅上,看着太阳一点一点西沉到山背后去。而这一晚的落日,一如从前,温热的橙色光芒把我整个人环抱住。我的家乡,如母亲一般,再一次向我张开双臂,敞开了她温柔的怀抱,紧紧抱住了我。

那一次回家,原本只打算过个暑假。每个周末,我都抓住一切机会,带着孩子们把我小时候去过的角角落落都走一遍。一开始他们逛完景区,都还吵嚷着要去商场里再玩上一会儿室内乐园或者电子游戏,这是以前的生活留下来的习惯。渐渐地,他们开始成为大自然的一员。他们开始在山间肆意攀爬,开始留意花花草草,经常会抢过我的手机拍照记录沿途风景;他们也学会了游山玩水之后,找一家山顶的茶馆,一边喝着茶,一边晒着太阳,呼吸山林间的草木气息。他们的画里,色彩渐渐丰富起来;他们的作文里,情感也越来越丰沛。这些肉眼可见的变化,我全然记在心里。

于是,等到要做决定的时候,我又"任性"了一次——不走了,就正式留在杭州生活吧。

就这样,我们一家成了新杭州人。

春去秋来,我不再是过年过节回趟家的匆匆过客,而是踏踏实实在这座城市生活的一员。每一天,我观察着这座城市的变化,熟悉又陌生。路边的樱花树花开又花落,高架上的鲜花,一季又一季,开不完,永远开不完。柳树一点一点冒芽,玉兰一朵一朵盛开;桂花的香气一阵一阵弥漫,银杏叶一天一天变黄。周末往山里走,看过北高峰的冻雨，玉皇山的盛夏，龙井茶园的春天，十里琅珰最美的秋日山脊线。爱，是每一日每一日细水长流的陪伴。我又一次爱上了杭州。

周围的朋友知道我回了杭州，就会经常来问我杭州有什么好玩的。一问一答之间，我发现大家都知道杭州是个好地方，想来走走看看，可又说不明白这座城市到底好在哪里，想看什么。纵使现在自媒体如此发达，可是信息大多是碎片化的。今天一阵风来了，大家扎堆去拍照打卡，明天换了风向，便又一股脑儿涌去另一个地方。当我们被海量信息淹没的同时，巨大的信息鸿沟依然横亘在每一位想了解杭州探索杭州的人面前。

我总觉得我应该为这座生我养我如今又无条件接纳我的城市做点什么，于是想写作的念头升腾了起来。

一座杭州城，坐拥三大世界文化遗产——良渚古城遗址、中国大运河杭州段和西湖风景区。风景是皮，民生是骨，文化是魂。杭州城这本厚重的历史书，要翻开它已非易事，要讲好它更是难上加难。幸好，我的爸爸给我提供了一个方便的法门，让我从小就能从一个特殊的视角来看这座城——那就是爬山。春夏秋冬，他带着我爬遍杭州大大小小的山头，锻炼了我的脚力，增长了我的见识，也开阔了我的心胸。

每一次爬山，不仅是回望历史，也同时在缔造当下的每一个瞬间。一路上家人的陪伴，好友的相随，途中偶遇的山友，每一次大汗淋漓之后在山顶极目远眺的畅快感受，都是鲜活而真实的。我一心把这些有爱的瞬间记录下来，和大家分享，让更多人通过爬山这个小小的窗口，了解杭州的前世今生，以及四季风景里那些精彩的、抑或是平凡的人和他们的故事。

写作，是我从心底里想做的事。为杭州写作，是我从心底里想为杭州做的事。所以整本书的创作过程，都充满了最简单的发心，不掺一点杂质，落到笔端，全然是对杭州的爱。既然是一本充满爱的书，我愿把它称为一封写给杭州的情书。这可能是我这个文艺中年，迄今为止做过的最浪漫的事了吧。

2024 年 11 月
于杭州家中

目 录
CONTENTS

001 | 3月 March

孤山不孤，君子为邻

初代露营风
孤山寺与六一泉
梅花的缘分
文化守望人
我的藕粉情结

013 | 4月 April

在人间四月天摆个龙井姐妹局

选一条爬山路线需要几步
看得到西湖的茶
山脊线上眺望梅家坞和钱塘江
为了那一口明前龙井
龙井寺往事

027 | 5月 May

临平山的无尽夏

决定了，要去赴一场无尽夏的约会
春晖万象与松涛流绡
平行时空的奇幻色彩

035 | 6月 June

北高峰的老冰棍治好了我的焦虑

两峰插云之冻雨奇观
老冰棍的神奇治愈力
爱爬山的苏市长也来过北高峰
杭州一望空

047 | 7月 July

九溪是杭州伢儿的夏日迪士尼

记忆里的夏天可太美了
在九溪，谁还不是个孩子
伏虎禅师与法雨寺

059 | 8月 August

玉皇山与慈云岭往事

老玉皇宫里的素面
慈云岭往事
紫来洞和"紫气东来"石壁
福星观小憩

073 | **9月** September

宝石山历险记

宝石山名字考
大佛寺和宝石山造像
纯真年代书吧和它背后的当代爱情故事
宝石山上保俶塔
我们是一群快乐的泥猴儿
葛岭和抱朴道院
最初的机缘

091 | **10月** October

满觉陇的桂花与杭州老鸭煲

为什么爱往山里跑？
桂花专家
吴刚和他的桂花树

101 | **11月** November

十里琅珰上的红衣女侠

山上的喝茶人
神奇女侠

109 | **12月** December

九曜山的冬日小确幸

12月登九曜山看风景的机会，需要等

风景在路上
三棵拦路树和一块带字的石阶
绝佳机位
山与水，盐与糖

119 | 1月 January

去天竺 temple walk 才是正经事

天竺缘起
下天竺法镜寺和三生石传说
中天竺法净寺和摩利支天菩萨
上天竺法喜寺和莫向外求
时代变迁中的寺院
五百年的白玉兰

139 | 2月 February

你说吴山是座俗山？我偏不信

吴山是一座"俗山"
"城隍山上看火烧"
城隍阁上看杭州中轴线
从伍公山上山
中兴东岳庙里的老物件
江湖汇观亭
感花岩上的岁寒三友
宝成寺内的元代造像

162 | 后　记
165 | 参考书目

3月

孤山不孤,君子为邻

我从一开始就决定要在三月写孤山不孤,
写断桥不断,写白堤的桃柳,
写很久没有打开的回忆里的童年

> **在这里，
> 每一间亭子
> 都有故事，
> 每一处摩崖石刻
> 都有传说**

我问朋友："为什么说'我的生命是一万次的春和景明'？明明一年才一个春天，活上100年也就100次。"朋友聪慧，立马反应过来，眨巴着大眼睛掰着手指算给我听："一年有三个月是春天，这就算是100天，然后再乘以100年，可不就是一万次。"

我恍然大悟，原来春天是要掐着手指按天算的。春日金贵，那关于杭州的故事就从春天说起吧。至于落点在何处，我倒是从一开始就决定要在三月写孤山不孤，写断桥不断，写白堤的桃柳，写很久没有打开的回忆里的童年。孤山，是藏在这座城市中心的桃花源。

梅花

放鹤亭

初代露营风

小时候，我住在离西湖很近的老房子里，从少年宫一带到断桥、孤山，是最经常出游的路线。印象中，爸爸妈妈在春天会带着我一起去白堤两边的绿化带里"打地铺"。那时候最流行的就是"打地铺"，类似于如今的低配版露营。每户家庭带上一张塑料垫子，铺在绿化带的草坪上，一家人挨着一家人，从断桥的这头一路铺到平湖秋月那一头。大家互相都不认识，但都是同一个时代的人，聊几句话就熟络了。妈妈会提前带好零食，大多是水果、瓜子、果脯之类的，就这样，我们一家人能在西湖边坐一个下午。坐得累了，我就在妈妈的膝盖头躺下来，柳树新抽出的嫩芽就在我眼前随着风晃呀晃，好像在荡秋千。盛开的桃花最招蜜蜂，所以我们都躲得远远的，生怕被蜜蜂蜇一口。空气里是湖水特有的水草腥味，随着春天暖洋洋的风，一阵一阵送进鼻子里。

有时候爸爸也会提议去爬白堤尽头的孤山。从中山公园的正门进去，爬上好长一串台阶，墙上"孤山"两个红色的字比我人还高，我努力张开双臂，用整个身子也盖不住一个字，真是大得吓人哟。

"孤山不孤"石壁

杭州的老话里总会说到"孤山不孤，断桥不断"。断桥是因为在下雪天，桥顶那一段积不起来雪，故而远远看去像是断了一样而得名，实际当然是不会断的，所以叫"断桥不断"。那"孤山不孤"又是什么说法呢？小时候爸爸会指着"孤山"两个字，让我仔细看，看看能发现什么不对劲。我横看竖看都说不出个所以然来。爸爸嘿嘿一笑，指着"孤"字说："这个字啊，少一点。"我瞪直了双眼，不敢相信这么一个巨大的错别字可以如此堂而皇之地被刻在墙上，还骗过了我的眼睛。

孤山寺与六一泉

这一片小小的山头，过去因为没有桥梁与陆地相连，上到孤山需要撑船，所以成了一块遗世独立之地。白居易写杭州的春天，起头一句就是"孤山寺北贾亭西，水面初平云脚低"。孤山这一片，在唐代有一座孤山寺。春天，群芳争艳，孤山寺便成了人人知晓的赏春好去处。北宋时期，孤山寺的香火依然繁盛，可从北宋诗人的诗里窥见一二。

苏轼初到杭州任通判时，便去孤山寺拜访了恩师欧阳修的好友惠勤法师，写下了《腊日游孤山访惠勤惠思二僧》。18年后，

"西湖天下景"亭

他以龙图阁学士身份出任浙西路兵马钤辖兼任杭州知州时，再访孤山寺，发现故人已经驾鹤西去，唯独有一泓清泉在几个月前突然从地下涌出。苏轼有感于恩师欧阳修促成了他与孤山寺的缘分，故把这涌清泉命名为"六一泉"。

到了南宋，宋高宗赵构想要在孤山建造一所道观——四圣延祥观，故而把孤山寺（时称"玛瑙寺"）迁到对面的宝石山葛岭一带。玛瑙寺旧址仍在，但寺已不存，现如今是连横纪念馆。旧址院内亭台楼阁依旧，也是春日寻芳的好去处。

孤山上的孤山寺不在了，但孤山的名字依然沿用至今。只因历代只有君王能称"孤"，所以这山的名字便有意少了一点。

梅花的缘分

刚开始带着孩子爬山时，宝石山和孤山是入门级的选项。孤山是栖霞岭的支脉，山高38米，单纯爬山不累，但是真的要把孤山的角角落落都走遍，也需要一些脚力。从北山街拐到西泠桥，孤山就在左手边。向左拐进孤山后山路，一路向前走，右手边的岔路口有一座牌坊，是西泠印社的后山石坊。路过这座牌坊继续沿着湖岸边向前走上一段，便能看到前方高台上的放鹤亭。

路线概览

放鹤亭赏梅专线（全程约1小时）：
西泠桥—西泠印社后山石坊—放鹤亭—林社—鲁迅铜像—白苏二公祠—中山公园大门—清行宫遗址—"孤山不孤"石壁

西泠印社专线（全程约1.5小时）：
西泠桥—西泠印社圆形拱门—西泠印社—绿云径—西湖天下景亭—"孤山不孤"石壁

从中山公园出来后，可以去对面平湖秋月小卖部吃碗藕粉

海拔抬升：<50米

天气选择

晴雨皆可，一路山路没有陡坡

穿衣指南

鞋：适合走路的鞋子皆可

衣服：保暖为佳

遮阳帽：需要

适合人群

亲子★★★★★
山势不高，适合亲子爬山入门

长辈★★★★★
适合带喜爱金石文化的长辈游览西泠印社

好友/情侣★★★★★
春日赏梅、拍照好去处

放鹤亭初建于元代，是陈子安为纪念北宋诗人林和靖，而在他曾经放鹤的地方建起的一座亭子，现今看到的这座亭子是1915年重建的。林和靖当年就是在孤山北麓结庐隐居，如今他的墓就在放鹤亭之上不远处。杭人是善解人意的，知道他喜欢山北这一片清静之地，即使是山的阴面，也随了他的心愿让他长眠于此，生前养的鹤在他死后悲鸣三天三夜而死，也曾葬在一旁。林和靖不仅养鹤，也种梅。孤山北麓这一片的梅花最早就是他亲手植下的。"疏影横斜水清浅，暗香浮动月黄昏"，梅花在中国古代文人心中一直是高洁、坚强、谦虚的品格象征。也正是因为这一片梅花林，八百多年后，另一位林姓后人，也是杭城三大新式学堂的奠基人——清代杭州知府林启，因为欣赏林和靖的隐逸情怀，在孤山北麓补种了数百株梅花。而他过世之后，杭人也执意要将他葬在这孤山北麓，并修建林社作为纪念堂，纪念他先后创办了"求是书院""浙江蚕学馆"和"养正书塾"，开启了杭州近代教育的先河。

三月初去孤山，还能赶上红梅盛开。梅树旁遍植青松，园艺家特意将青松修剪成与梅树差不多高矮的模样，让常绿的青松与红梅相映成趣。而在这青松红梅掩映之间，远远能见到一尊铜像。凛然的坐姿，深远的眼神，是杭人为同样喜爱梅花的鲁迅而立的铜像。1909年，从日本留学归国后的鲁迅，在杭州的学堂里担任教师，时常带着学生前往西湖采集植物标本。1983

年,时值鲁迅诞辰102周年之际,在鲁迅曾经驻足过的西子湖畔竖立起了这座铜像。掐指算来,距今也已经有40多年了。

孤山北麓鲁迅像附近有两片大草坪,是我小时候春游的目的地之一。我其实已经记不太清这个事,但多年后当我站在鲁迅像前,鼻子里闻到周围松树特有的清香味道,记忆就在那一瞬间被唤醒了。"我小时候肯定来过这里",我环顾四周,很难想象我们曾在这一片一眼能望到头的草坪上和小伙伴们分享喜之郎果冻、旺旺雪饼和咪咪虾条,然后追跑打闹一整天。

文化守望人

如果从西泠桥下来,笔直沿着孤山路走到孤山的正面,从圆拱形的"西泠印社"门走进去,这一处高低错落的园林就是西泠印社。西泠印社是研究金石书画的学术团体,在丁仁、王禔、叶为铭和吴隐等四人的倡议下,于清光绪三十年(1904)创立,并定期集会。吴昌硕被推举为首任社长后,更是把金石研究推向了又一个高峰。这些愿意"与古为徒"的"文化守望人",秉持着"保存金石,研究印学"的宗旨,在文化冲击的洪流中逆流而上,为今时今日留下了弥足珍贵的一手资料。

园子里的柏堂是孤山寺的遗迹之一,因堂前种了两株柏树而得名。现如今看到的建筑是1876年重建的,堂前门楣上挂的"西泠印社"匾额是吴昌硕题写的,内部陈列了西泠印社创始人和历任社长介绍。逛完柏堂,就算是对西泠印社的前世今生有了一个大致了解。再顺便去一旁的竹阁和长廊走走看看,心便一点一点静了下来。

绕到柏堂后面,穿过前山石坊,经过"山川雨露图书室",便看到一条之字形长廊,名为"鸿雪径"。鸿雪径的名字出自

西泠印社圆拱门

金石印章

西泠印社前山石坊

柏堂

1. "印藏"小碑
2. 平湖秋月的藕粉

苏轼一首写给弟弟苏辙的诗——"人生到处知何似,应似飞鸿踏雪泥"。这条鸿雪径寄托了初代社员要在变幻的时局中保持那一份文化坚守的信念,却也藏住了另一位即将隐世的高人与人间最后的牵绊。在向阳的那一面石壁上,如果不是特意去找,便大概率会错过一块刻着"印藏"二字的小碑,这两个字旁,还竖排刻着这块小碑的缘由。在辞世前写下"悲欣交集"的弘一法师,应该不会再想起自己在祝发入山前,赠给西泠印社并安置于此处的94方自用印。先将身外之物隐于市,后将自己隐于山野,时年39岁的李叔同作何想,我不得而知,但杭州却包容地为每一位想上山或是下山的人打开了大门。

在西泠印社这一方天地里,每一间亭子都有故事,每一处摩崖石刻都有传说。累了还可以在山顶最高处的四照阁歇歇脚,从打开的窗户望出去,便是一湖三岛的诗意风景。

逛完西泠印社,从后山门出去,沿着右手边的山岭一直向前走,就到了孤山后山的空地,那里是我童年时的露天游乐场。几块卧倒的石头,几处高台,就可以让孩子们爬上跳下一整天。然而,当我带着我的孩子们再一次来到孤山,走到这块空地时,心里直纳闷,这块空地怎么这么小?明明小时候我可以在这里玩很久都不厌倦。等我带着孩子们走过绿云径,一路下山路过西湖天下景亭,然后绕到孤山的正面,看到"孤山"两个红字和它正前方的台阶时,我都不敢相信自己的眼睛。这台阶就这么矮?我几步就能把它跨完。这红字根本也不是记忆中顶天立地那么大啊!

一味回忆童年是要出事的,记忆的标尺已经测量不了现实的模样了。我让自己赶快打住回忆,转过身让孩子们在红字前站好,也拍下一张属于他们的童年回忆照片。至于他们以后要如何回忆这张照片,那就是他们的事了。拍完照,我指着红字问：看得出来这字有什么问题吗？孩子们面面相觑。于是，我就把小时候爸爸告诉我的"孤山不孤"的典故，原原本本地讲了一遍。

我的藕粉情结

我们从中山公园的正门出来，该打道回府了，可我心里还惦记着另一桩事——小时候每次爬完山爸爸都会带我去对面的小卖部吃一碗桂花藕粉。三十年过去了，我想去看看现在还有没有藕粉卖了。孤山对面是西湖十景之一的平湖秋月，那里有几片空场地，从前就摆着桌椅，供游人驻足休息，喝茶打牌，到了晚上是赏月的好地方。小卖部还在，老板娘见我带着孩子们坐下，就拿着一个热水瓶走过来，问我要点什么吃的喝的。我说，来碗藕粉吧。

我的爸爸是个有仪式感的人，每次玩得尽兴，都要在外面吃点东西再回去，平湖秋月的藕粉就是其中之一。妈妈每到这时就会唠叨他乱花钱，"明明肚子是饱的，但是眼睛没饱"。"眼睛没饱"这个"坏"毛病，自然也遗传到了我身上。出门玩，不管是去哪里，我总爱在当地买买吃吃逛逛，对所有没吃过的东西都充满好奇，有时候可能东西和家乡的差不多，换个名字就能让我这个"眼睛没饱"的人乖乖掏钱。这西湖边的藕粉也是，其实用的都是一样的袋装藕粉冲泡的，可我总觉得外面冲的藕粉比家里的香。最早的时候，藕粉是一块五毛钱一碗。老板娘会用一个青花瓷的碗，里面倒上藕粉，然后用新鲜滚烫的热水冲下去，一边冲一边用瓷勺快速搅拌，不一会儿，一碗粉嘟嘟、黏糊糊的藕粉就冲泡好了；再从哪里翻出个玻璃瓶，用小勺舀出一勺桂花干，撒在藕粉上，一碗桂花藕粉就做好了，热腾腾地端上来，热气裹着桂花的香气扑鼻而来。我们用瓷勺在瓷碗里一勺一勺舀着吃，听着叮叮哐哐碰撞的声音，心里别提有多惬意了。

一味回忆童年终归是出事了。三十年后，我满心欢喜等着一碗热气腾腾的藕粉，没想到老板娘最后端来一只印着图案的大纸碗，藕粉上面趴着一只软绵绵的塑料勺。这样一来，干净卫生还方便了，但是终归少了点烟火气。我的孩子们没吃过藕粉，对于我递过去的勺子连连摆手。我只好自己把这碗20多块的藕粉一口一口吃完了。

时过境迁，有些记忆就该随风而去。好在曾经发生在孤山这一片景致里的事，流传下来的大多数都是禁得住时间考验的。这些往事，都被一一刻进山崖石壁里，静默不语，等待着后来的人们去伸手触摸，去用心探索。

孤山因为有了这些历史和来来往往探寻历史的人们，也就不再孤单了。

你知道吗，
欧阳修其实从没来过杭州

苏轼的恩师、"唐宋八大家"之一的欧阳修，平生从未到过杭州，这确实是杭州的一大憾事。然而这位宋代大家却用另一种方式在杭州刷满了存在感，孤山有"六一泉"，吴山有《有美堂记》。要找"六一泉"也不难，定位到"明郭孝童墓"，一路往里走就可以看见。

"六一"不是欧阳修的字，而是来自晚年他给自己取的号——"六一居士"。"六一"的意思是：欧阳修家藏书一万卷，集录三代以来金石遗文一千卷，有琴一张，有棋一局，而常置酒一壶，以及欧阳修一翁老于此五物之间。

而山仔我要求不高，把"酒一壶"换成"茶一盏"，爬完山有茶喝就最开心啦！

4月

在人间四月天
摆个龙井姐妹局

人间四月天，不管是坐在船里看山水，
还是行走在山水里看轻舟荡漾，都能避开游人，
放松片刻心情

> **看得到茶园的山，
> 看得到西湖的茶**

每年到了四月，我的周末行程就被预定了，因为几乎每个周末都会有朋友从外地来找我玩，让我做地接，毕竟是"人间四月天"的美景，错过了就要再等一年。外地朋友的核心诉求自然是围绕着西湖转悠，为此我开发了苏堤南北两端的摇橹船行程、浴鹄湾的轻徒步行程……不管是坐在船里看山水，还是行走在山水里看轻舟荡漾，里西湖的这一片湖面都能避开游人，放松片刻心情。若是来的次数多的朋友，我就会"夹带私货"，提议大家一起去爬个山。朋友们架不住我几次三番的建议，终于在这次，一行六七个认识了有十年的姐妹，要和我一起在杭州爬山了！

茶园旁的小道

茶树

选一条爬山路线需要几步

和非户外铁粉女朋友们爬山,有几个关键要素得把握好。首先,爬的山不能太高。一般在一两百米左右,大家走走停停拍拍照差不多40分钟到一个小时就能走完,这样的行程安排是最合适的。其次,山上沿途要有风景。用大白话说,就是得有打卡点。女生们闹哄哄一起去爬山,最重要的是拍出美美的照片。如果一口气闷头爬山,沿途看不到风景,那大家爬着爬着就索然无味了。再次是沿途人不能太多,最好有包场的感觉。同样的风景,堆满了人和只有我们一队人,体验感是完全不一样的。这就意味着爬山路线得特别小众。

最后一条也是最重要的一条,爬完了山得有能歇脚的地方。如果这个歇脚的地方是一家美美的咖啡店或者茶馆,还能附带着卖一些吃食,那简直是太完美了。

这四个要素叠加之下,进入我脑海的就是这条盘龙游步道了。它位于龙井一带,上山和下山途中都会经过茶园,沿途充满了杭州春天独有的气息。独乐乐不如众乐乐,这样属于私藏级别的路线拿出来和女朋友们分享,才显得诚意满满。

我选择龙井村作为盘龙游步道的起点,上天竺法喜寺作为终点。

从龙井村东北门以西五米处的游步道起点出发,起步的台阶两侧都是民居,非常不起眼。顺着台阶一路向上,路过一户

路线概览

盘龙游步道春日访茶专线（全程约1小时）：盘龙游步道起点—看得到西湖的茶—山顶大合照—茶园—上天竺法喜寺

海拔抬升：约200米

天气选择

晴天为佳，下过雨后半程山路会湿滑

穿衣指南

鞋：抓地力强的登山鞋最佳，徒步鞋、慢跑鞋亦可。不建议穿皮鞋、凉鞋、洞洞鞋等

衣服：速干衣裤最佳，春季爬需备防风衣

遮阳帽：需要

适合人群

亲子★★★★★
适合带有一定爬山经验的孩子出行

长辈★★★
后半程台阶较难爬，需搀扶

好友/情侣★★★★★
全程人不多，适合朋友边爬山边聊天边打卡

户茶农家，能亲眼见到他们用炒茶机翻滚炒制着刚摘下来的新鲜茶叶。你若是感兴趣上去和他们攀谈几句，他们会热情地招待你坐下来喝杯刚炒出来的龙井茶。再右拐继续朝山上走，还能看见农户摆在路旁的箱子，里面放着瓶装水，旁边立一个收款码。我有一次问村民，这样子放在外面卖水，要是碰到有人拿了水没付钱怎么办。那位阿姨听了我的问题，哈哈一笑说："我们把水放在这里，主要也是为了爬山来来去去的人渴了有水喝。真的要是拿了就让他们拿了，一瓶水也没多少钱。但这样的人毕竟现在少见了。"人与人之间的距离，在这十几米的上山路途中，一下子就被拉近了。

几户茶农的山间民居一过，便是正式开始爬山了。这条山路在南高峰以北，棋盘山与杨梅岭翁家山之间，大体应该属于风篁岭。四月里来，沿途的绿树积蓄了一个冬天的能量，刚冒出嫩绿色的新芽，经过春天的阳光和雨水的洗礼，在周围空气中弥漫出一股淡淡的草木清香，这是春天山里特有的味道。呼吸间，这股味道沁入五脏六腑，好似吃了一盘香椿或是喝了一杯明前茶，身体被春天唤醒了。如果一定要给四时爬山排个顺序的话，四月里爬山在我心目中是当之无愧的第一名。

看得到西湖的茶

走过四分之一的山路，刚喘上几口气，

看得到西湖的茶

出一身汗，便到了第一个打卡点——"看得到西湖的茶"。在山路的右手边，一路上来都是遮挡视线的绿植，到了这一片，忽然视野开阔起来。眼前不仅出现了一片完整的茶园，若是再往远处定睛一看，西里湖、苏堤、白堤、小瀛洲、西湖逐一呈现在眼前。前一日还是坐在西湖游船里看周围群山错落，今日便身在山中，从这个角度看堤、看湖。这种视角变化带来的感官上的冲击，只可意会不可言传。

这片茶园的主人也非常懂得审时度势，恰到好处地在这个风景绝佳的位置给自己家茶园打上了广告。一块上过漆的木片上印刻着上文提到的"看得到西湖的茶"七个字，把这里绝佳的地理位置和每日看着西湖生长带着灵气的茶叶都点到了。以前神户牛养殖户给自己的牛肉做广告的时候，说的是他们的牛每天听着古典音乐生长，所以心情愉悦，连肉质也跟着肥美起来。那这看得到西湖的茶树，每日不仅在这山上承接着阳光雨露，还日日夜夜看着晴西湖、雨西湖、雾西湖、雪西湖，那生长出来的茶叶岂不是要比别家的更具情趣一些？喝一口这片茶园的茶泡出来的西湖龙井，是不是能让人身临其境，西子美人犹如在眼前一般？

山脊线上眺望梅家坞和钱塘江

拍好照后，我们继续往上走。看过了

1. 新采的茶叶
2. 路边的无人零售框
3. 炒茶

这一处风景,大家对我当初说的广告词更有信心了,于是也更期待后面能看到什么风景。大约再拐上几个弯,踏上几百级台阶,便到了这条步道的山顶了。这一片山让我最喜欢的部分,就是山顶这一条长长的山脊线。

杭州除了孤山和宝石山,其余的山都是由天竺山延伸出去的南高峰和北高峰的一部分。所以这些山上的路基本都是连通的,到了山顶,往往会有一段平坦山路,然后再慢慢开始分叉,供游人选择不同的下山方向。就是这部分平坦的山路,可以让登山的人把速度慢下来,调整呼吸,补充水分和食物。而这段山路的风景真是叫人瞪大了双眼也看不够。

这条游步道的山顶处正对着的山坳就是有名的龙井产区——梅家坞。白墙黛瓦的现代农居错落有致地散落在山坳里,周边的山上齐齐整整地开发出一片一片的茶园,呈梯田状层层向上。这一派生活气息看得人心神荡漾。在这同一座城里,有人每日在30层高的写字楼里敲击键盘,也有人在这山间耕耘劳作,日出而作日落而息。在杭州这座城市里生活,有一千种一万种可能性。唯一的玄机是,你要看清楚你的内心。

若是再定定神,顺着远处的山峰看出去,便能看到奔腾的钱塘江。原来这条游步道是一条既可以看到西湖、又可以看到钱塘江的宝藏路线啊。四月里,山顶的风夹带着远处钱塘江的水汽和山谷间的草木

龙井茶园

气，吹到身上凉凉的，一路爬山上来脱掉的外套此时正好再穿回到身上。

拍好大合照，吃完一路背上山的水果点心，便要开始下山了。杭州的山路修了也快二十年了，山上的各种设施也越来越完善，道路指示牌、地图标识总能在游人恰好需要的时候出现，比闺蜜还贴心。我们下山要去上天竺法喜寺，便顺着"上天竺"的指路牌一路走就可以。这条路线还有特别的指路标记——法喜寺的钟声。钟声一开始是从远处慢悠悠飘来的，若有若无，走着走着，钟声越来越清晰有力，那多半是找对了方向。

下山的路没有上山的路修葺得那么规整，台阶有高有低，有宽有窄，需要十二分的注意力。都说上山容易下山难，我每次带孩子爬山，上山时都放心让他们冲在前面，下山的路上会时不时搀着他们的小手慢慢走，嘴巴里还会不停地重复："眼睛看脚下路，小肚子发力小腿撑住。"这样的山路走完，第二天浑身酸疼是免不了的，但是喜欢爬山的人倒也能接受这种浑身酸疼的感受，就好像在健身房练完腿的人第二天逢人就说："完蛋了，我腿废了。"十分悲惨的语气里带着十二分骄傲。

这条下山路越到后面越难走，走到山脚茶园之前的最后几个弯，几乎没有了石板路，全都是盘错的树根拦出的一级一级的天然台阶。若是前一天下过雨，这里就全是泥巴，又湿又滑。上山时还在说说笑笑的姐妹们，此刻一个个都屏息凝神，大气不出，一步一步往下走。气氛一下子变得紧张起来。

山川可爱，但山川也会在不经意间露出惊险的模样来，让人措手不及。遇到这样的情况，当以小心为妙。"不显山不露水",是隐藏锋芒的处世哲学,也是每一个经历过风浪的人最终展现在世人面前的姿态。山川亦如是。世界上有很多山是不可攀爬的,因为信仰的原因,很多当地人认为爬到山顶会触怒山神。人们带着征服山川的心去登顶,最后往往是铩羽而归,又或者是被山川吞噬。杭州的山比之五岳谈不上险峻,但也毕竟是山。

终于从山上下来,每个人脸上都挂着一丝"劫后余生"的侥幸,也有被这意料之外的挑战激发出来的兴奋。孩子往往比大人更直接。我带孩子走过这段游步道,最后这段"没有台阶的野山"固然难走,却也让他们念念不忘,觉得那样爬山才有劲。之后每每要出门爬山,孩子都会睁大了眼睛问:"是去爬那座野山吗?"满脸期待的神情,让人忍俊不禁。

为了那一口明前龙井

最后我们经过一片平坦的茶园,便走完了整条盘龙游步道。春天里,茶园到处都是忙着采茶的茶农,他们带着尖顶斗笠,背着竹筐,双手像飞舞的蝴蝶在茶树上翻腾。这个时候千万不要去帮倒忙。春茶金贵,特别是明前茶,采摘都有要领,一芽两叶,长度也要刚刚好,不是熟手做不来这活儿。明前龙井和其他茶叶不同。其他种茶叶喝的是浓郁芬芳的香气,扑面而来的兰香桂香,汤色浓郁中透出清亮,最为上乘,而明前龙井却是以淡雅的清香最为胜。泡龙井茶还非得用玻璃杯,手捏一簇

龙井问茶处的龙井泉

茶叶放入透明的杯中，用沸水冲泡小半杯，炒制得干干的茶叶片"腾——"的一下冲到了水面，大口吸着水分。片刻之后，一芽两叶的形态便饱满起来，一根一根立在水面最上层，仿佛优雅的芭蕾舞者，半展双臂，踮着脚信步款款。轻轻摇晃玻璃杯，茶叶的清香便一阵一阵吐纳出来，这便是摇香。之后再加入85度至90度的热水至八九分满，一杯龙井茶就泡好了。玻璃杯泡龙井，讲究的就是品茶之前先观茶，视觉享受先于味觉到来。还未品尝，人已酥软下来，情志和畅，说话声音也不自觉低了下去，注意力被这杯中尤物牢牢占据，俗事早已抛诸脑后，这才是"金不换"的明前龙井"值钱"之所在。待到茶叶渐渐舒展，三两簇悄无声息地滑落到杯底，此时水温已经合宜，茶汤也被若有若无地染上一层淡雅的黄绿色。拿起杯子凑近来闻一闻，满腹清香，通体舒畅。轻轻吹一吹水面，把茶叶吹开一点，再啜一口茶汤，鲜嫩的味道充盈了味蕾，再顺着喉咙滑落到胃里，轻轻吐一口气，还能觉出一丝回甘，从舌根处悠悠升起。此般回味，让人忍不住再喝一口，再喝一口。品这样的好茶时，最好不要谈俗事，只谈风月。若是边喝茶边说这个项目如何如何赚钱，或是抱怨孩子的补习班费用又涨价了，那我是要皱眉的，心里想着下次得换个人喝春茶。

要问下山后有没有这样品茶的地方，那自然是有的。顺着人流往上天竺的方向走，大门不到一点的地方就有好几家名字

"过溪亭"牌匾

里带着"欢喜"二字的饮食店。此时此刻，大家都走累了，点上一杯春茶或是咖啡，坐下来缓一口气，便是最好的休息。等缓过神来，再拿出手机互相传递沿途拍下的美人美景，说说笑笑打发时光，便是一桩欢喜得不能再欢喜的事了。而这条山路带给大家的风景，连同第二日小腿肌肉的酸疼，一并刻进我们的记忆里。

龙井寺往事

爬山的故事结束了，但我还想重提一段发生在龙井的往事。龙井之于杭州，是地名、泉名、寺名，也是茶名。这条游步道起点不远处就是写有"龙井村"三个字的木结构牌楼，此处是龙井村的东北门，过此牌坊可进入龙井村。在龙井村西北方向晖落坞内，杭州人称"老龙井"的地方，现今围起了十八棵御茶树供游人观赏。此处在后汉乾祐二年（949）建有一座报国看经院，北宋熙宁年间（1068—1077）改为"寿圣院"，南宋淳祐六年（1246）改额为"龙井寺"。明正统三年（1438），龙井寺迁移至龙井村东北门以东约100米处，即现在的龙井茶室公交站旁龙井问茶景点所在处。寺庙在1949年前后荒废。如今景点内有一口明万历年间（1573—1620）围起来的井，是为"龙井"，旧时此处是喷涌而出的泉水，故井旁有一亭，名为"听泉"。

历史记载，杭州"市长"苏轼与上天竺住持素来交好，这位住持就是辩才大师。辩才大师法号元净，本名徐无象，浙江临安人。他10岁出家，18岁学于上天竺慈云法师，25岁时，皇上赐紫衣及"辩才"号。68岁时，辩才大师从上天竺退休后就隐居于晖落坞老龙井寺。他于北宋元祐六年（1091）圆寂，享年81岁。据说辩才大师居龙井期间，寺僧将上天竺僧人种植的白云茶移栽至狮峰山麓，从而使这里成为龙井茶的发源地。而龙井茶之所以闻名天下，也是因为老龙井"有水一泓，寒碧异常"，故而这里产的茶，为两山绝品。

如今我们喝的龙井茶，以明前龙井为上品，雨前次之。喝惯了老树红茶的朋友，若是喝明前龙井，一时间会不习惯。红茶香味厚重，茶汤色泽浓郁，而龙井茶却是以淡雅清香取胜。初入口越淡，后味越甘甜。在这清淡的茶香间细细体会，若能体会出当年辩才大师那一份退隐的佛意，一份万物归一后的恬静淡然，那便没有辜负这杯中的茶叶。世间大多数人的人生路都是越走步履越沉重，走到最后不堪重负身心俱疲，鲜有人能爬过万重山见过真正的山顶风景。而能在见到风景后不贪恋风景，抬脚继续往下走的人，更是少之又少，辩才大师退隐的举动，在当时也是众说纷纭。当然，心意相通的人自然懂得。

有大师深居于此，便是谈笑有鸿儒，往来无白丁。苏轼、苏辙、赵抃、秦观，这些耳熟能详的人物都是当年龙井寺的常客。苏轼先后两次出仕杭州，第一次是北宋熙宁四年（1071）11月至熙宁七年（1074）7月，做了三年通判，第二次是元祐四年（1089）3月至元祐六年（1091）正月，出任杭州知州。苏轼出任杭州通判时，就与时任上天竺住持的辩才大师交好，苏轼诗《赠上天竺辩才师》中提到自己的次子苏迨虽长相不俗，但是长到四岁还不能走路，经辩才大师"摩顶"后，竟然奇迹般地像小鹿一样满地乱跑了。

待到苏轼第二次出任杭州知州时，辩才大师已经退居寿圣院。苏轼经常游龙井，与辩才交游唱和，此乃文人之间的至高友谊。苏轼离开杭州前，曾再一次造访辩才，两人喝茶论道，相谈甚欢，不觉天色已晚，他遂宿于寺院。第二日与辩才一路话别，不知不觉间，两人已过了虎溪之上的归隐桥。原来辩才给自己定了一个规矩——送客不过溪。为记此事，辩才法师在归隐桥上建了一座亭子，后人称"过溪亭"，也称"二老亭"。如今过溪亭依然安在，小小的四柱歇山顶亭子就在风篁岭的山脚处。从正面看，亭子外侧挂着"龙井"的题额，里面挂着"过溪亭"的御笔题额。若是走进亭子转身一抬头，"二老亭"牌匾在此处静静等候。

杭州龙井一带，在一千年前就已经是这般群贤毕至、星光闪耀。如果可以穿越的话，我真想穿越到彼时，去品一品初生的龙井茶，去听一听大师间的对话，去走走看看那时杭州的山。

秦观的《龙井记》明代原碑在杭州出土了！

作为苏门四学士之一的秦观也是龙井寺辩才大师的座上客。与苏轼的豪放派风格不同，他的词作属于婉约派，缠绵悱恻，细腻婉转。"金风玉露一相逢，便胜却人间无数""两情若是久长时，又岂在朝朝暮暮"，这些耳熟能详的金句都出自秦观之手。这样的人走仕途，境遇比苏轼还要糟糕，刚入仕就被新党针对，一路遭贬，毫无还手之力。境遇与诗才两相呼应，倒成就了这位北宋婉约派一代词宗。

秦观在辩才大师退居龙井寿圣院后也多次受邀，与大师一起品茗，还应辩才大师之请，写下《龙井记》。这篇文章不是一般的游记，而是把龙井人格化了，说它不受"靡曼"之诱，也不受"豪捍"之胁，故而精气不散不亏。"夫蓄之深者发之远，其养也不苟，则其施也无穷。"这样的词句，分明是自己内心的写照吧。

后来，书法大家米芾读到这篇文章很喜欢，就挥笔手书并入石，立于寿圣院内。因为秦观的这篇游记和米芾的手书，龙井一时名声大噪，不仅在当时，就连后朝后代的文人墨客都把龙井作为必须"打卡"的朝圣之地。米芾的碑到了明代已经残破缺损。明天启二年（1622），书法家董其昌游龙井时，重新手书了一遍《龙井记》并入石，立于龙井寺内。

这块明代的字碑就比较幸运了，虽然在岁月侵蚀下裂成两段，遗落异处，不过最终于2004年、2005年先后被发现，重见天日。如今就收藏在明清龙井寺遗址（现龙井问茶景点处）龙井这口井旁一条不起眼的走道边，稍不注意就可能会错过。走道的门时常开着，得轻轻把门掩起来，才能看到藏在门后墙上的这块碑。同时刻有龙井寺明清几代住持墓志铭的石碑也收藏于此，对金石感兴趣的山友们不要错过啦！

5月

临平山的无尽夏

大数据推荐，让我发现了这处"莫奈花园"，
一时间所有事物都被加上了一层高饱和度滤镜，
随手拍的风景都是明亮欢快的色调

> **看着颜色花型各异的花簇，真的会觉得自己一下子掉进了一个平行时空里**

我小时候活动的主战场在西湖边，但是这次回到杭州，机缘巧合，在杭州城北驻扎了下来。朋友们都觉得我待不久，很快便会想念城里的烟火气。可过去二十年居无定所、经常搬家的经历，已经让我练就了一个本领：随遇而安。实际居住下来的体验也印证了这一点。这个区域虽然是工业开发区，但是配套齐全、交通便利，还有一个很大的加分项——有一座宝藏公园。

盛开的花

1-3. 盛开的花

决定了，要去赴一场无尽夏的约会

我是如何发现临平公园的？这还得感谢现代伟大的发明之一——大数据推荐。打开手机定位，浏览一些本地服务类软件的时候，很容易就被精准画像了——我就是一个喜爱户外、喜爱花花草草的"80后"宝妈。所以这座从春天开始就花事不断的公园，一次又一次地出现在我的推荐首页里。三月是樱花，可那时我和友人一心奔着乌龟潭去了，看到了那里大片大片的晚樱，眼睛已经看饱了，所以没有起念。四月是杜鹃，临平公园专门划出一块杜鹃园，里面种植了300多种杜鹃花。紫红色为主，红色、黄色、白色点缀其中，颜色丰富得像打翻了调色盘，拍照达人们用"莫奈花园"来形容这处园子。我看到照片也有些心动，但四月实在是太忙，每个周末都要接待外地的朋友爬山游湖。待到五月，我看到公园里竟然种了我最爱的绣球花，无人机航拍的视频和照片里那一整片山坡上的蓝色绣球带来的视觉冲击，让我迫不及待要出门亲眼去看看。

江南到了五月，一过立夏节气，温暖湿润的亚热带季风从东南徐徐而来，天气一改四月的阴雨绵绵，晴天接踵而至，空气也一天比一天轻盈透亮。一时间所有事物都被加上了一层高饱和度滤镜，随手拍的风景都是明亮欢快的色调。在这一切都刚刚好的初夏时节里，穿上一身浅色的衣服，最好是白色连衣裙，去临平公园看绣球花吧！

临平公园游览路线

交通信息
自驾：临平公园东北门附近路边有少量停车位

1. 临平公园东北门（起点）
2. 春晖万象牌坊
3. 余杭革命烈士纪念碑
4. 松涛流绡景区
5. 绣球花种植区
6. 东来阁（终点）

其他景点：
- 动物园
- 杭州市临平区青少年宫
- 邱山咖啡
- 安隐寺遗址公园

道路：
- 星光路
- 邱山隧道
- 迎宾路隧道

路线概览

绣球花赏花专线（全程约 2 小时）：
临平公园东北门—春晖万象牌坊—余杭革命烈士纪念碑—松涛流绡景区—绣球花种植区—东来阁

海拔抬升：约 100 米

天气选择

晴天赏花心情更佳

穿衣指南

鞋：一般适合走路的鞋子皆可
衣服：浅色系为佳
遮阳帽：需要

适合人群

亲子★★★★★
带着孩子去花海里拍照，留下童年纪念

长辈★★★★★
爬山累了在半山腰处有一家"邱山咖啡"，适合长辈歇脚

好友 / 情侣★★★
适合背上相机 / 无人机，拍美景亦拍美人

春晖万象与松涛流绡

临平公园所在的临平山地处临平老城区核心位置，2020 年前后，几乎整座山都重新做了完整的线路规划，现已完全向市民开放。公园东南西北有好几处入口，看花最方便的入口是在东北角，这个入口正对着临平城北口腔医院。穿过门口的一段绿树掩映的小斜坡，公园大门赫然出现在眼前。用齐整的扁石块堆叠起来的门头，正中央的匾额上书写着"春晖万象"四个大字，看得出这座公园的季节特色就是以春天为主打。

公园的主干道遍植樟树，深色的枝丫肆意向天空伸展，把两米多宽的游步道一整个合抱住。樟树寿命长，树形雄伟，又一年四季都枝叶茂盛长青，寓意千秋万代的延续，所以宋人爱植樟，南宋末年在杭州的大街小巷遍植樟树。吴山上那几棵七百年树龄的樟树其实还不是杭州年纪最大的樟树，在三台山路和法相巷的交叉口以西原法相寺旁，有一棵唐代种下的古樟树，距今一千多年了，是杭州地区有记载的树龄最大的古樟树。樟树一般在四五月开花，没开的花苞像个小鼓锤，盛开的花朵长得玲珑可爱，六片薄如蝉翼的淡黄色片状花瓣中央有黄色的花蕊。樟树花花型很小但花量很大，一簇有七八朵开在一起，层层叠叠缀满枝头。樟树花的花香很特别，初闻觉得清新，好似空谷幽兰，闻多了又有水仙的香气。

樟树四季常青，但是花期却过时不候，我们还是先说回临平公园的绣球花吧。沿着主干道大约走10分钟的上坡路，右手边先是路过一处带有健身器材的大平台，然后是余杭革命烈士纪念碑。碑身由枣红色花岗岩和汉白玉大理石砌成，是为纪念余杭革命烈士而修建。

在纪念碑的斜对面，道路的左手边，就是临平公园松涛流绡景区，也是此行的目的地。景区的名字取得也很雅致，"松涛"顾名思义是指风吹过松林发出的声音，这里的山坡上每隔两三米就种一棵松树，树干粗壮大约一人能环抱，树高十米有余，针叶状的松针竟也能把天空遮个大半，给喜短日照的绣球花挡住了阳光的直晒。而"流绡"的"绡"字本意是指生丝或者生丝织成的薄绸，用在这里便是拿流光溢彩的薄绸形容这片山坡上每一季开出的花了。

平行时空的奇幻色彩

半山腰这一片绣球花品种繁多，三五平方米内栽种的是一个品种，往前走几步就是另一个完全不同的品种，无尽夏、你我的银河、贝拉安娜、紫茎八仙、玫瑰女王、魔幻月光、奥塔克萨……看着这些听也没听过的名字出现在花丛前的小木板上，再看看颜色花型各异的花簇，真的会觉得自己一下子掉进了一个平行时空里，眼前所见之景是真是幻也分辨不清了。以前只听

1

想要直接看绣球花，就定位到临平公园东北门，大门正对着临平城北口腔医院，从春晖万象牌坊进入公园。观赏完可以在"邱山咖啡"歇脚，也可以继续爬山至东来阁

说绣球花会因为土壤的酸碱度不同而呈现蓝色、紫红色或者紫色,可在这里还看到了炫光紫、纯白色、粉色、嫩黄色、嫩绿色,还有白色叶片镶着红色边,蓝色或者粉色叶片镶着白色边……除了颜色之外,叶片的形状也因品种而异。平日里在花店买到的绣球花多为单瓣造型,一个花骨朵里四五片花叶,整朵花伞形的造型已经显得非常热闹,可这里的绣球除了单瓣的品种,还有多瓣品种,层层叠叠的花瓣,大花瓣上叠着小花瓣,一层又一层,单一个花骨朵里就叠了三四层,整一朵花开得满满当当、热烈异常。如果说四月的杜鹃花园可比拟莫奈花园,那五月的绣球花海就是爱丽丝仙境了。

山坡上的绣球花各个品种争奇斗艳,沿着山腰步道往前走十几米,出现一处下行的台阶,沿着台阶往下走去的另一片山坡,种满了蓝色的无尽夏,盛花期时,这里是一片涌动的海洋。走到山坡的最低处,回头往上望,或深或浅的蓝色自由地点缀在绿叶间,光束透过细密的松针洒在蓝色叶片上,忽而明亮忽而暗淡。眼睛从最近处的花朵往远处移动,一眼竟望不到这片花海的尽头。瞳孔刚经历过一次"地震",这是第二次被绣球花的美震惊。

面对美好的事物,徜徉其间的人儿也会变得可爱起来。来赏花的人们大多轻声细语,即使人多但整个山谷一点都不嘈杂。拍照的姑娘们大多不会踏进花丛里,只浅浅地在边上蹲下拍照;也有专业摄影师拿着"长枪短炮"或者是无人机来拍人或是拍景的;最可爱的是孩子,穿着小花裙往花海里一站,稚气的脸庞凑近开得热烈的绣球花,正正好把世间最美好的事物凑在了一起,随手一拍都是大片。

五月,阳光正好,气温正佳,花开正烈,情志和畅。有时只为了看花而去看花,纯粹点,也挺好。愿你也有一个说走就走的五月周末,看到一朵为你盛开的绣球花。

1-2. 安隐寺遗址公园内景

你知道吗，
苏轼也来过临平山

　　山仔有时觉得，怎么我爬过的山苏老先生都曾去过！他老人家是不是被写诗耽误的登山王者，初代 city walk 代言人？连杭州城北如此"冷门"的临平山，都能看到他老人家的足迹。

　　临平山爬到快到东来阁的路上，有一个小平台，里面竖着一件木塑，做成了古时书简的模样。木头上刻着苏东坡的一首送别好友的诗——《南乡子·送述古》。"谁似临平山上塔，亭亭。迎客西来送客行。"苏东坡送友人，一路坐船出杭州城送到临平才作罢，看到这临平山上的塔，一时感慨。生而为人，有谁能不被情感所支配，而如这临平山上亭亭而立的古塔，迎来送往，俯视人间悲欢离合。"今夜残灯斜照处，荧荧。秋雨晴时泪不晴。"诗人送别友人后内心翻江倒海，到了晚上一个人的时候泪流满面，难以成眠。豪放派的内心也有婉约派的深情。

　　可能你会说，这首诗只写了苏东坡看到了临平山上的塔，并不代表他登临过临平山啊。别急，临平山还有好东西，苏轼还真来过。

　　在临平山的南麓，有一座寺庙，叫安隐寺。该寺初建于唐大中年间（847—860），在北宋时期已经成为江南名刹，与杭州灵隐寺、余杭径山寺和常熟虞山清凉禅院齐名。苏轼来安隐寺打卡的时候，还品尝了用寺中的安平泉水泡的茶，并趁着雅兴赋诗一首《安平泉》，连连说茶圣陆羽功课没做好，怎么把安平泉这么好的泉水给遗漏了呢。

　　如今安隐寺已不存，安平泉仍在，安隐寺遗址之上建造了一座遗址公园，公园内保留了25棵古树，所以走进遗址公园，一片郁郁葱葱。快找时间去看看吧！

6月

北高峰的
老冰棍治好了我的焦虑

山顶的风景,会治愈每一位登顶的登山者。
他们不追求任何物质上的奖励,
只为看一眼这百亿年来地球上的沟沟壑壑,
只为吹一吹山顶的习习凉风,只为那一刻精神上的共鸣

北高峰冻雨奇观

有一件事情我一直没搞明白,北高峰究竟有什么魔力,竟可以让一个五岁小孩念念不忘,每隔一段时间嘴里就开始念叨着:"妈妈,我们去爬北高峰吧!"我是个随性的妈妈,每个周日大人孩子都不安排事情,只要天气合适,就是背包一背出门爬山去。好几次都是孩子一开口,我们一抬脚就到了北高峰山脚下。

说句大实话,我记忆里,从小到大从来没上过北高峰。如果有,也是很小很小的时候被爸妈带上去过一次。因为性格里不爱凑热闹,也不爱往人多的地方去,所以二十年前过年想找拜佛的地方,第一个想到的是当年只有本地人会去的天竺寺而非外地游客必打卡的灵隐寺。即使每年都要往天竺路走一趟,也没动过念头去隔壁的灵隐和北高峰走一走。

随着近年来朋友圈里正月初五去北高峰的"天下第一财神庙"拜财神的照片越来越多,我才知道杭州的北高峰上还有一座号称"天下第一财神庙"的灵顺寺。一开始我问家里老人有没有听说过这座财神庙,大多是摇头。我看着每年的照片里都是人头攒动,听去过的朋友说大年初五这

> "心中有丘壑，
> 眼里存山河"

1–2. 北高峰冻雨奇观

天从山脚下就开始排队了，整个爬山的过程不是自己抬脚爬上去的，而是被后面的人潮推上去的，我心里就开始发慌，想着那我还是别给财神添乱了。可这两年财神庙的名气越来越响，周围去的人越来越多，忽然有一天连北方的朋友也开始向我打听这座庙，我觉得作为杭州人，有必要去一次，看看究竟是个什么情况。

于是我千挑万选，挑了一个不那么特别的日子，避开人潮，和孩子们第一次去爬北高峰。六月的杭州，一多半日子在梅雨里泡着，不下雨的日子，气温刚刚冲上30度，尚可以出门爬山。在爬北高峰之前，我已经带着孩子们爬遍杭州大大小小叫得上名字的山了。这些山大多修过台阶，山高不过一两百米，孩子们爬完有时候还表示不过瘾不尽兴。于是我在出发去北高峰的路上，做足了宣传工作："今天我们要挑战杭州南北高峰之一的北高峰了。索道我们就不坐了，备足干粮自己往上爬。"小小的孩子很容易被三两句话就带起了兴致。我们把车停到灵隐附近的停车场，走路穿过灵隐寺汹涌的人潮，路过北高峰缆车站，经过一片茶园，一抬头，便望见了伫立在眼前的北高峰主峰。

两峰插云之冻雨奇观

北高峰海拔314米，是灵隐寺的"靠山"。说到这里，不得不提一下杭州在古时除"钱塘"外的另一个常用的别称——

灵隐景区导览图

- 韬光寺
- 天下第一财神庙 ⑤
- ⑥
- 景辉亭 ④
- 永福寺 ⑦ 终点
- 灵隐寺
- 北高峰山脚 ③
- 飞来峰
- 远眺北高峰
- 北高峰索道 ②
- 灵隐路
- ① 起点
- "咫尺西天"石壁
- 灵西隐天

交通信息

公交：搭乘公交7路到达灵隐公交站，下车后步行10分钟左右即可进入灵隐景区

自驾：灵竺路以南近天竺路有停车场

路线概览

财神庙专线（全程约 1.5 小时）：
"咫尺西天"石壁—北高峰山脚—景辉亭—天下第一财神庙—韬光寺—永福寺

建议每座寺庙停留 20—30 分钟

海拔抬升： 314 米

天气选择

晴雨皆可，一路山路没有陡坡

穿衣指南

鞋： 徒步鞋、登山鞋为主

衣服： 透气为主，建议带备用衣服

遮阳帽： 需要

适合人群

亲子★★★★
适合带有一定爬山经验的孩子出行

长辈★★★
建议搭乘缆车上下山

好友/情侣★★★★★
体力好不好，上北高峰测一测就知道

"武林"。杭州之所以叫武林，是因为杭州有座"武林山"，张岱在《西湖梦寻》里提到的武林山即指灵隐山，泛指灵隐周围群山，也包括北高峰在内。可为什么称这片山林为武林山呢？实则北高峰诸山在唐以前植被茂密，人烟稀少处自然野生动物就多了，豺狼虎豹经常出没，所以就得了"虎林山"的名。到了唐朝，为了避唐高祖之祖父李虎的名讳，更名为"武林山"。

北高峰与南高峰合称"双峰"，在西湖十景之中占有一席。南宋时，此景称为"两峰插云"，清康熙帝南巡重题"西湖十景"时，将此景题为"双峰插云"。站在山脚下远观北高峰，便能理解这四个字勾勒出来的是怎样一幅画面。《杭州简史》一书中是这样描述的："每当云雾弥漫时节，祥云卷舒，云绕山腰，双峰于清岚薄雾之中若隐若现，翠屏掩映，微露顶尖，犹如插入云霄，奇幻似海市蜃楼，朦胧如世外仙境。"

我去北高峰的次数不够多，还不曾幸运地亲眼看见云雾缭绕的景色，但我瞧见过另一幅奇景，却也是可以和双峰插云的气势比一比高下的。那是另一场兴之所至的周末爬山活动，发生在第一次去爬北高峰的半年之后。天寒地冻的时节，前一晚刚下过雨，第二天天才放晴，孩子们便按捺不住要出门去爬山。刚走到北高峰下，抬头望去，高高的信号塔旁的树枝怎么看上去白茫茫的一片？明明没有下雪呀。等到一路爬上去才看清，原来因为山上气温

太低，前一晚下的雨直接冻成了冰柱，挂在树枝上。第二天白天的气温也接近零度，山顶的温度更低，这些冰柱都还牢牢地冻在树枝上没有化掉。作为一个南方人，我长这么大第一次亲眼看见冻雨，也算是长了见识。

冬天去爬北高峰固然勇气可嘉，可我还是更推荐将热未热的6月去爬。毕竟冬天带着孩子去爬山，特别是雨后初晴还挂着冰的日子里，孩子每走一步都要牵着手，全程都提心吊胆。6月去爬山就不一样了，只要把孩子带到山脚下，他们一溜烟的工夫就往上跑得看不到影儿了。好在这条山路一路没有分岔，转弯处也都修了护栏，人不多的时候安全指数很高，不用担心孩子走迷了路。

老冰棍的神奇治愈力

北高峰的山路是在极其狭窄的物理空间内修了一条登顶的"高速公路"，所以曲折弯绕特别多。张岱写北高峰，起头一句就是"石磴数百级，曲折三十六湾"，寥寥数语，把我初次爬山时的内心戏都写明白了——这弯是真的多啊。等爬到接近山顶处的景辉亭，无论大人孩子都已经是大汗淋漓、气喘吁吁。

景辉亭是沿途上来唯一有屋檐遮挡的八柱亭，夏天可避暑，雨天可避雨，此处向北继续上行不过十来分钟就可以到达北

1–5. 天下第一财神庙

高峰山顶，向西还有一条岔路，可以去到半山腰的韬光寺。六月里来爬北高峰，人人可以在景辉亭领一个"奖励"——汗如雨下之时在自动售卖机里买一根透心凉的老冰棍。

就是这根老冰棍让我对这个亭子充满了好感。我第一次来爬北高峰心理准备不足，一路上来，觉得转过的每个弯看起来都差不多，精神上先疲劳了，脑子里总是在想，这样的弯啥时候是个头啊。所以越爬越心累，觉得脚下有千斤重。等爬到景辉亭，我已经筋疲力尽，开始后悔来爬山了。孩子们一路上来体力上也是累得不行，心里或许还想坚持，可嘴上已经在打退堂鼓了。

就在这时，我看到了亭子旁边一整个冰箱的老冰棍，犹如见到了救星，连忙拿出手机扫码，一人奖励一支冰棍，当然也包括我自己在内。在一口一口甜甜的冰碴水滋润下，力气在一点一点恢复。而与体力同时恢复的，是继续向上攀登的信心。年纪大的人想得多，孩子们就没这么多思想负担。他们吃完了冰棍，也不喊累了，咂吧着嘴，看着手表上的导航路线，还没等我发出冲锋的号角，他们扔下一句"前面就是山顶了，我们先走了"，就又把我甩在了后面。

卷得累的时候先别急着放弃，停下来歇一歇吃根老冰棍也许就治好了呢。

爱爬山的苏市长也来过北高峰

等到又绕了几个弯,爬完最后一级台阶,满身贴金的弥勒菩萨和韦陀菩萨赫然出现在我眼前时,一时间我的眼睛不知道该往哪里聚光了。这架势在其他地方几乎没见过,果然是"天下第一财神庙"啊,霸气地直接让两位菩萨露天营业了。

终于见到了传说中蜚声杭城内外的财神庙,我心里止不住感叹这趟"求财"之旅走得可太不容易了。原本不想着来求财的我,爬到山顶,觉得不求一下财简直是对不住这一路爬山的辛苦。于是我也不能免俗地在寺庙买了财神香,认认真真把所有神仙菩萨都拜了一遍。

我对寺庙的研究不深,寺院如何坐落,每间佛殿里都有些什么佛祖菩萨,座次布局有什么讲究,我知其然但不知其所以然。不过逛完这座寺庙倒是发现几处有意思的地方,可以说一说。

灵顺寺在史料里都认为是印度高僧慧理禅师于东晋咸和年间(326—334)在天竺山北麓创建灵隐寺时,同时期创建的"五灵"(灵鹫、灵隐、灵峰、灵顺、灵山)之一。所以山顶新立的牌坊上的"东晋古刹"四个字也算是实至名归。有佛寺就有佛塔。原本的灵顺寺旁有北高峰塔,"浮屠七级",建于唐天宝年间(742—756),但在之后的会昌法难中被毁。后在五代时由钱镠重建,后屡建屡毁,在宋刻版《咸淳临安志》中依旧可见北高峰上的佛塔。到了南宋咸

从灵隐景区进入,按照指示牌标记到达北高峰山脚下,上山途中经过景辉亭后即可到达天下第一财神庙。下山可原路返回,也可选择从景辉亭西侧进入飞来峰景区,途经韬光寺、永福寺

淳七年（1271），北高峰塔再次损毁，自此再也没有进行过大规模的重修复建。

如今北高峰塔已不见踪影，但在这山顶回转腾挪之间建起了一座两进的寺院。正门外的左侧摆了一块刻字的太湖石。走近一看，上面题刻的正是苏轼游北高峰时留下的一首五言诗。这首诗也被明人张岱摘录在《西湖梦寻》中，想来是有用意的。我们不妨也来读一读：

游灵隐高峰塔
言游高峰塔，蓐食治野装。
火云秋未衰，及此初旦凉。
雾霏岩谷暗，日出草木香。
嘉我同来人，久便云水乡。
相劝小举足，前路高且长。
古松攀龙蛇，怪石坐牛羊。
渐闻钟磬音，飞鸟皆下翔。
入门空有无，云海浩茫茫。
惟见聋道人，老病时绝粮。
问年笑不答，但指穴藜床。
心知不复来，欲归更彷徨。
赠别留匹布，今岁天早霜。

这首诗写于北宋熙宁七年（1074），彼时已是苏轼第一次在杭州为官的尾声，当年秋他即被调往密州任知州。当时，他虽前途未卜，但仍心系杭州百姓疾苦，看到老病的道人快没有粮食，知道自己快要离开杭州恐不会再来北高峰，所以临走前还要留赠一匹布，尽一点微薄之力，让守寺人可以继续香火，让他彷徨的心好过一点。他何曾会想到不过五年之后，自己会因党争入狱，被贬至黄州，也是在这般天寒地冻的日子里，"空庖煮寒菜，破灶烧湿苇"。

人生境遇的不可预知性是残酷的，也是真实的。

而我想，如今在寺庙前看到这块太湖石，除了感叹寺院如今的门庭若市与当年的清冷今非昔比之外，也有一层意思是想遥寄对东坡先生的感恩之情吧。也许就是

1. 老冰棍
2. 灵顺寺外的喜庆长廊

1-3. 灵顺寺大殿内的牌匾

他当年所赠的那一匹布，让这寺院的香火又续上了一年。

灵顺寺的山门虽然也是后代新建的，但也是大有看头。"天下第一财神庙"的题字是明代大才子徐渭所书，这位才子是浙江绍兴人，曾担任明嘉靖朝浙直总督胡宗宪的幕僚。在胡宗宪入狱死后他亦发狂，多次自杀未遂，后因杀妻入狱，服刑七年后获释。此后徐渭游历江南，估计灵顺寺的题字也是他彼时游历时所题。他放浪形骸的个性，大体可以从他的书法中窥得一二。

大门两侧有一副藏头对联，也颇有意思：

灵境在心还应上下求索，
顺时从事自能左右逢源。

对联首字便是寺名，对仗也很工整，是一副不错的楹联。

穿过山门殿，左右两边分别是文财神殿和武财神殿，再往里就是大雄宝殿。整座寺庙给我留下一个很深的印象，就是大殿里的匾额特别多，几乎每一条横梁上，凡是能挂匾额的地方，都已经挂满了墨底金字的牌匾。

在一圈以《华严经》中的十大愿王为主题的牌匾之上，另有一圈牌匾，以四字为主，多为现世供养人捐赠。以前逛寺庙，多是看佛像，如今站在灵顺寺的大殿里，无论是站在哪个角度，抬头都能看到匾额，心里生出另一种觉察来。有时简简单单四个字，在合适的时间合适的地点出现，便能刻进脑子里。大道至简，可别小瞧了这些牌匾啊。

杭州一望空

转悠了一圈之后，我们便准备下山。

3

山上只有零食补给站,没有可以坐下来吃饭的地方,直上直下然后去灵隐周边吃午饭也是可以的。或者下山到景辉亭,从西边的山路进入飞来峰景区,沿途有韬光寺和永福寺,两座寺庙里都有素面馆。

从灵顺寺后门出来,下山的过程中会经过排队搭乘缆车的一个观景平台。这个平台值得驻足观赏一番。杭州城里好几座山,比如吴山、玉皇山还有凤篁岭附近的山,爬到顶峰都可以既见西湖又见钱塘江。可我心里总是有一个疑问:为什么偏偏是北高峰,毛主席于20世纪50年代连着来登临了好几次呢?站在观景平台眺望远处,看到的景色也许可以解答一部分疑惑。"三上北高峰,杭州一望空。"毛主席用一个"空"字,便把这恢宏的景色都装进了眼里。眼底是西湖,再往远处望去就是连绵的群山,群山之间有钱塘江如丝带般穿过,目之所及,明代张明弼的这句"江气白分海气合,吴山青尽越山来"真的是形容得恰到好处。

山顶的风景,会治愈每一位登顶的登山者。他们不追求任何物质上的奖励,只为看一眼这地球上的沟沟壑壑,只为吹一吹山顶的习习凉风,只为那一刻精神上的共鸣。所以,再难攀登的山峰如珠穆朗玛峰,也会有勇士为了一睹世界最高处的风景,而前赴后继。

回到家,我指着3D立体地图上杭州的位置和世界屋脊珠穆朗玛峰的位置给孩子们比画了一下,他们的脸上露出惊讶又兴奋的表情。我开玩笑地说:"今天爬北高峰,明天我们去爬珠穆朗玛峰好不好呀?"一家人嘻嘻哈哈笑成一团。大家都知道这是句玩笑话,可是谁又能知道未来的哪一天,心里的小种子不会发芽呢?

祝愿每一位爱爬山的大朋友和小朋友——愿你心中有丘壑,眼里存山河。

北高峰的索道
最早是做什么用的？

　　北高峰的海拔在杭州市内也算是数一数二的，所以当20世纪70年代电视转播技术进入快速发展时期，在北高峰山顶建一个发射台让电视信号覆盖全省这件事就被提上了日程。那个时候别说索道，连现如今蹬步的石板路都没有，200多吨的器材，还有搭设铁塔用的钢材，都是大家手搬肩扛用蚂蚁搬家的方式一点一点运上山的。第一座75米高的铁塔，浙江广电人用了10天就搭设完毕。5个月后，铁塔终于全部落成。电视台发射功率比原先提高了20倍，直接收看范围扩大了4倍多，成果斐然。

　　之后，为了方便发射塔的后续维护检修，浙江广电集团就建造了一条北高峰索道。这条索道也是中国第一条载人索道。1998年，索道正式对外运营，变成了一条景观游览索道。如今去北高峰，如果不想爬山也可以搭乘索道上下山，全长880米的索道单程只需要10分钟，真"高速公路"也！

7月

九溪是杭州伢儿的夏日迪士尼

生活在杭州的人骨子里就是悠闲调调的，把露营装备搬到这一片溪水处，摆好桌子，架好椅子，打开风扇，放上茶具和零食，再捧上一本书，让溪水从脚边缓缓流过。没有拗造型摆拍，就这样简简单单在绿荫环绕中坐上一整天

> **九溪十八涧一年四季都可去，
> 唯独夏天去，
> 才能体会孩童的快乐**

夏天的杭州城素来有"火炉"的称号，这是每个在杭州生活的人都深有体会的。一到夏天就有各种吐槽抱怨杭州一点儿也不宜居，白天热也就算了，到了晚上想去湖边乘个凉，没想到整个西湖是一个巨大的蓄热池。晚上在湖边走，三面山把风都挡住了，湖边半丝风都没有，只觉着白天蓄积在湖里的热气一浪接着一浪往外涌。张岱在《西湖七月半》里说得最直白，起头一句就说："西湖七月半，一无可看，止可看看七月半之人。"文化人吐起槽来，杀伤力以一抵百。

爱玩水不分年龄

树和鸟

记忆里的夏天可太美了

可你要问我记忆里的夏天是怎么过的,说实话小时候似乎也没觉得夏天很难熬。记忆里小一点的时候,住在弥陀山游泳池附近,夏天的保留项目就是去那里游泳,都是露天的泳池,一游一个上午,脸和手臂都晒得黑红黑红的。游回来对着风扇吹头发,一边吹一边咬着汁水满满的水蜜桃,满心希望这样的夏天能长一点、再长一点。等到上了初中,会一大早骑个自行车去上兴趣班,教室里的风扇叶片转得飞快,整个教室安静得只剩下风扇哗哗转圈的声音,心静下来了也就不觉得那么热了。下午肯定是不出门的,在家抱着半个冰西瓜,或者是一大碗妈妈煮好的冰镇绿豆汤,一边吃一边看书写作业。有时也会和同学一起去图书馆或者书店里看书吹空调,随便找个安静的角落席地而坐,一看就是一天。到了晚上一家人围坐在一起吃饭,爸爸会喝泡好的杨梅烧酒,他还会往我的碗里放两颗泡过的杨梅。一口咬下去,酸甜的杨梅汁水混着白酒的辣味,直冲天灵盖。辣出一身细密的汗,暑气也瞬间消了大半。

南高峰
龙井村
杨梅岭牌坊
终点
8
7
杨梅岭村落
乾龙路
九弘亭
理安寺
6
接驳车上车点
5
九溪烟树
打水仗
4
九溪路
打水仗
3
六和塔
2
徐村
之江路
起点
1
九溪公交站
公交
钱塘江

交通信息

公交：搭乘公交 4 路到达九溪公交站，下车后步行经过徐村，进入九溪景区

自驾：徐村有少量立体停车位，也可在“云上西湖”小程序提前预约九溪停车位

路线概览

九溪打水仗专线（全程约 3 小时）：
九溪公交站—九溪烟树—理安寺—杨梅岭村

海拔抬升：约 150 米

天气选择

避开台风天，其余时间皆可

穿衣指南

鞋：溯溪鞋、洞洞鞋、凉鞋为主

衣服：速干为佳，建议带多套备用衣服及内衣裤

遮阳帽：需要

适合人群

亲子★★★★★
亲子打水仗，去过一次年年都想去

长辈★★★
夏天气温确实过高，不建议老人出游

好友 / 情侣★★★★★
成年人也可以拿起水枪一秒回到童年

晚上是琼瑶阿姨时间，随着《你是风儿我是沙》的主题曲响起，大家围坐在电视机前，小燕子和五阿哥就这样陪着我们度过了一个又一个仲夏夜。这样一回忆一对比，我觉得难熬的似乎不是杭州的夏天，而是长大以后要面对的成人世界吧。

不过有一处地方，倒是可以让身处杭州的人，无论是孩子还是大人，都能在夏天里找回童年最原始的快乐。不是室内游乐场，也不是水上乐园，而是去到树木茂密、水流叮咚的山林深处——九溪十八涧。去那里干吗呢？准备好水枪，多带几套替换的衣服，蹬一双拖鞋，我们打水仗去！

九溪十八涧其实一年四季都可以去。溪水的发端，有两个源头——从地图上能更直观地看到——在南高峰一带，有一段"Y"字形的山路。西面是从龙井村起源，一路南下，穿绕林麓，与诗人屿、孙文垅、鸡冠垅等细流汇合成涧，因为经过了众多的湾，人们叫它十八涧；东面是从翁家山杨梅岭一路南下，与青湾、宏法、方家、百丈、唐家、佛石、云栖、渚头、小康等九条山坞的溪流汇合，人们叫它九溪。两股溪水在"Y"字形的节点处——现如今西湖十景之一的九溪烟树风景区汇合，随后又一路向南奔流，最终经过徐村，汇入钱塘江。这样水汽旺盛的地方，春天去可以看到连绵的茶山，滴绿的嫩芽在水汽氤氲中肆意生长；若是秋天去，便是看层林尽染，落叶纷飞。然而这些都不及夏天去那里玩水的快乐，那是释放天性后从心底涌出来的夏日专属多巴胺。

在九溪，谁还不是个孩子

水流一路都是相通的，越到下游水势越大，因此我们小时候去打水仗，大多不是从山上出发往南走，而是直接坐公交车到九溪公交站，从徐村进入九溪十八涧，一路往上游走。九溪公交车站的那个波浪式的圆形亭在我小时候就有了，非常有标识性。九溪公交车站和圆形亭建于1980年，于2024年初被列入杭州市第九批历史建筑保护名录。四十多年过去了，这个地标一点儿没变。现如今我带孩子们去九溪玩水，也会坐公交车或者打车去，为的是不走回头路。

看到公交站这个地标，我的心情就莫名雀跃起来。从徐村进入九溪的这一路，一开始的景色并不出奇，无外是村舍农居，偶尔有几处小水渠。再往里走一走，潺潺溪流声越来越近，小径两旁的树木遮天蔽日，把暑气都挡在了外面。鼻子里闻到草木湿润芬芳的味道，便如同换了一个世界，感官一下子被打开了。

看到溪水，孩子们早已按捺不住跳下去了。心心念念想了一整年，就让他们尽情去玩水吧。脚踩进冰凉的溪水里，暑气瞬间消失了大半。外面是40度的高温，这会儿体感只有25度，等到开始打水仗，水流交汇间，完全不觉得热了。

九溪的水域一片一片散落在山林间，人们沿着溪流修了一条步行道，不宽。步道一边是溪流，一边是山或是山坳间的茶

六和塔

园，沿途遍植枫、杨树。这条步道往北走是上坡，经杨梅岭一路延伸到南高峰的群山之中。

一开始几片水域，大人小孩都还拘谨地玩着，越往里走越不得了，大家的衣服裤子鞋子经过之前的洗礼，该湿的都湿了，便再没什么好顾忌的了，空气里只剩下水枪的滋滋声和孩子们大呼小叫的笑声。

在溪水里不仅可以打水仗，还可以沿着溪流"行军"。是的，这是孩子们最爱的部分，半截身子泡在水里走，夏天就是可以这样肆意地玩水。这一段水路在一片茶园旁边，从步道旁的缺口岔出去，就能下到溪水里。深深浅浅，最深处会没过成年人的小腿，溪流底部有碎石、落叶和树枝。可孩子们端着水枪，把这段水路想象成是行军打仗，劲头一下子就上来了。我跟在他们后面走，也是深一脚浅一脚，最后愣是走了过来，大家脸上都挂满了兴奋，好似真的取得了一个巨大的胜利一般。

这段路程的终点是一座石桥，桥下水流太深，但桥边有一条长长的台阶，是打水仗的上好地点。攻守双方可以各自占据地势要害，又一场华丽丽的战斗开始了。要是这片水域被友军占领了，没关系，再往前走一段路，到最后靠近九溪烟树景点的水坝区域，那里的地形更开阔。素不相识的孩子们自发组队，开启攻坚战模式，一方攻击水坝，一方防守，弧形的水柱在空中来往交织，场面十分激烈。

激烈的战斗场景到这里就基本结束了。

九溪十八涧

离水坝不远就是九溪烟树景区，可以在此停留片刻，欣赏这片世外桃源般的风景。如果体力允许，可以继续往"Y"字形分叉的东面——杨梅岭走去。当然如果累了不想走了，还可以在九溪烟树的接驳车上车点搭乘接驳车，既可以选择南下回到徐村，也可以选择继续北上去杨梅岭。

伏虎禅师与法雨寺

这段从九溪烟树到杨梅岭村约莫20分钟的缓坡山路带着治愈系的氛围感。虽然7月暑热，可这一路两旁都是高大的水杉树，仿佛置身原始森林，在林间小道上走着，也不觉得热了。和前面热闹的场景形成鲜明对比，这一片山路两旁的溪水充满了岁月静好的氛围。很多户外爱好者会把这两年流行的露营装备搬到这一片溪水处，摆好桌子，架好椅子，打开风扇，放上茶具和零食，再捧上一本书，让溪水从脚边缓缓流过。没有拗造型摆拍，就这样简简单单在绿荫环绕中坐上一整天。

生活在杭州的人骨子里就是带着这股子悠闲调调的，放在二三十年前的杭州，在九溪也一样能看到类似的场景。那时还没有露营装备，人们就把塑料桌椅搬过来架在溪水上，还有两样是必然会一起带着的——扑克牌和西瓜。炎热的夏天，把西瓜放在溪水里冰镇，然后大家一边把脚泡在溪水里降温，一边打上一盘杭州双扣，

1. 伏虎禅师骑猛虎像
2. 法雨亭
3. 法雨泉

这就是杭州人消夏的原始方式之一。

这一路走上去，若是仔细留意脚底，新砌的石板路上会出现一些绘有典故的石板，典故都是和这一路的风景有关。我爱把这些称为杭州旅游局和游客们打的哑谜。之前在苏堤漫步的时候我偶然给孩子拍了一张转身俯在椅子上的照片，回家后放大一看，这椅背的后侧竟然镶刻着东坡先生的一首非常小众的诗《夜泛西湖五绝（其三）》，可能当年东坡先生就是在苏堤花港观鱼附近这片荷塘泛舟湖上夜观天象吧。杭州不会亏待每一位真心爱这座城市的人，只要你拥有一双发现美的眼睛。

有一块石板是在理安寺附近，上面刻画着一位和尚骑坐在猛虎身上的画面，这位和尚就是理安寺著名的伏虎禅师。杭州有很多寺庙历经千年至今依然香火旺盛，如灵隐寺；也有一些寺庙在山火、山洪抑或战火中被毁就再也没有重建起来，如龙井寺；还有一些寺庙，虽然庙宇还在但鲜有人知，偶有人到访，如吴山宝成寺。而地处杨梅岭的理安寺也属于这最后一类。理安寺始建于五代时期，因为当时九溪一带背靠着五云山，山中虎患严重，时常伤人，有一位志逢禅师见状，决定降服猛虎，为民除害。他将山下化缘得来的钱财尽数用来买肉饲喂老虎，时间长了猛虎终于被驯服，不再伤人，而是驮着志逢禅师往返山中，成为他的坐骑。因此人们把志逢禅师尊称为"伏虎禅师"。钱王对其十分敬重，为其建造了这座寺庙。寺庙起初名为"涌泉禅寺",又名"法雨寺",因为寺中有与虎跑泉齐名的法雨泉。到了南宋理宗一朝,宋理宗巡幸该寺,将寺名改为"理安寺",寓意为"国泰民安"。

这座寺庙后来在清雍正年间(1723—1735)还兴盛过一次,但是最终逃不过没落的命运。如今再去,法雨泉与法雨亭仍在,可整座寺院已经转为餐厅。从主路左手转入山门,一路台阶向上直通寺门,两边绿植茂盛,还布置了烟雾喷头,时不时会喷出一阵青烟,把这一段山路映衬得越发神秘。杭州的山里藏有各种隐于世间的茶馆饭店,现如今的理安寺也算得上是隐于山野,有机会的话可以去品香茗尝美食。

行路至此,九溪杨梅岭一带也基本走完了,出了杨梅岭村,经过一片村居,再走一段近60度的上坡,便到了杨梅岭的牌坊处。青绿色的"杨梅岭"三个字端庄秀美,走出牌坊便是上满觉陇。你若是问我,西湖群山更爱南山还是北山,我会说,北山一带恰如北山街,处处景点,声名在外,如大家闺秀一般让人向往,而南山一带恰如南山路,遮天蔽日的梧桐树满屏翠绿又或是黄叶满地,如小家碧玉般温柔、浪漫,又叫人流连。而杨梅岭与满觉陇路交汇处的这一片,是南山一带我最钟爱的一段山路。步行至此如果还有体力,可以向西行至龙井村,或者向东一路弯折去往满觉陇。无论朝哪个方向,无论在哪个季节走,在我心目中,这一段山路都是杭州最静谧的一段山路。吹着山林里自然的风,信马由缰,沿途都有好风景让每一颗热爱自然的心为之欢呼雀跃。

走吧,去爬山吧!
即使是在七月,
即使这条路只有我一人独行,
我也要为了这份热爱,
迈出第一步。

7月 九溪是杭州伢儿的夏日迪士尼

乾龙路上有故事的石板

杨梅岭到底有没有杨梅？

　　山仔经常听老杭州说杨梅岭上没有杨梅，可是按理说地名不会乱取啊，如果杨梅岭村这一片确实从来都没有种过杨梅，那就不该叫这个名儿。

　　这不，乾龙路上的石刻板又解谜了。就在"伏虎禅师"这块板的不远处，有一块"杨梅岭"的石板，上面刻画的景象就是村庄前的杨梅树下孩童采摘杨梅的情景。右上角还有一首苏轼的诗《参寥惠杨梅》。诗里提到的"金家"就是指宋朝时杨梅岭这一带一位姓金的老婆婆，她种的杨梅特别甜，远近闻名。后来因为战乱，杨梅果树不存，加上杨梅的经济价值没有茶叶高，所以到了近代，此地的村民都种茶叶了，渐渐没有人种杨梅了。

　　不过风水轮流转，近年来杨梅岭重新种上了1200多棵杨梅树，到了六月的杨梅季，大家又可以去杨梅岭摘杨梅吃啦！现在的杨梅岭真的有杨梅哦！

8月

玉皇山与慈云岭往事

真的会在8月去爬玉皇山,而且还非得是在8月不可。
天热得透透的,在这样的日子里,
去山上的紫来洞,
才能真的有走进冰窖的感觉

> 玉皇山植被茂盛,藤蔓环绕,
> 台阶缝隙里扭曲着身子的毛毛虫,
> 路边石头缝里爬进爬出的壁虎,
> 还有各种蝴蝶,
> 仿佛原始森林一般

小时候,真的会在八月去爬玉皇山,而且还非得是在八月不可。

天热得透透的,在这样的日子里,去山上的紫来洞,才能真的有走进冰窖的感觉。现在回想起来,那个时候去爬山是纯粹的开心,根本不会在意天这么热爬山会不会中暑。

第一次去玉皇山,是爸爸带着我去的。一人一辆自行车,噔噔噔地就往西湖边去了。从南山路向南一直骑到玉皇山路,就到了玉皇山脚下。一路骄阳似火,汗水从头发缝里冒出来,脸被晒得通红,手脚露在外面的部分都被晒得黑黑的,可那时的我真的一点儿也不怕晒黑。我停好自行车,拿起水瓶,就和爸爸一起往山上冲。

虽然山路蜿蜒曲折,但我从小脚力就不错,七八岁的时候学校就经常组织沿着西湖走环线,一圈走下来三四个小时,体力就是在那时练出来的,所以这点山路算不上什么。记忆里对玉皇山最深的印象,就是半山腰处的紫来洞和"紫气东来"的石壁。和现在相比,景致竟毫无差别。

老底子夏天没有空调,就靠着电风扇确实也很难降温,所以杭州人以前夏天避暑,除了玩水,还会去山洞里纳凉。自从那一次和爸爸去爬玉皇山逛了一回紫来洞,去紫来洞纳凉就成了我们家的夏天保留项目,年年都要去报到了。山洞里的凉快,和空调吹出来的凉快,很不一样。

玉皇山海拔 239 米,位置正好处在钱塘江和西湖之间,比吴山和凤凰山都更靠近钱塘江,从山顶眺望钱塘江的风景是一绝。"之江三折,六和雄姿",尽收眼底。

1-2. 老玉皇宫和素面

老玉皇宫里的素面

穿过林海亭大门，走不过片刻钟的工夫，就到了老玉皇宫所在处。在老玉皇宫前有一条岔路，远远望去能看见一段烧焦的藤蔓挂在空中，快垂到地上了，那就是去往凤凰山的地标。如果要去玉皇山，是经过老玉皇宫继续右转向前进。

玉皇山在唐代称"玉柱峰"，历来是道家的道场，山顶建有玉龙道院。五代时期，吴越王钱镠迎明州（今宁波）阿育王寺佛骨舍利而建佛寺，故称"育王山"，还称"玉龙山"或"龙山"，与东侧的凤凰山相对，正好有"龙飞凤舞"之意。而处在玉皇山和凤凰山交界处的老玉皇宫，乃是两山阴阳和合、龙凤呈祥的风水绝佳之处。因此，在南宋时期，便有信士将掌管世间男女良缘的月老星君供奉于此，一来二去，玉皇山下的这座老玉皇宫又有了"江南月老祖庭"之称。每年农历八月十五这一天，会在老玉皇宫举行中秋拜月祈福法会。

我对老玉皇宫的记忆非常淳朴，那就是关于食物的记忆。因为小时候每次去，我都会被爸爸带着去里面吃碗面。我们一路从家里骑车过来，体力已经消耗了大半，爬山爬到这里，正好有个补给点，爸爸是不会错过的。宫里的面自然是素面，印象里是把用油面筋、青菜、黑木耳炒得油油的浇头铺在素面上，刺溜刺溜一大碗就下

起点1 ① 林海亭
② 老玉皇宫
③ 南观音洞
④ 慈云岭造像
⑤ 紫来洞
⑥ 七星缸
终点 ⑦ 福星观

起点2
樱花地
"紫气东来"石壁
八卦田
将台山停车场

九曜山隧道
玉皇山路
白云路
南复路
虎玉路

交通信息

公交：搭乘12路到达玉皇飞云公交站，下车后步行约10分钟即可到达林海亭，沿林海亭专线游览；或搭乘12路、42路、87路到达南观音洞公交站，下车后从南观音洞出发，沿慈云岭造像专线游览

自驾：林海亭附近有停车场；亦可驾车进入景区，沿盘山公路上山，半山腰紫来洞附近和山顶福星观附近均有停车场。将台山停车场位于八卦田附近，车位较充裕

路线概览

林海亭专线（全程约 1.5 小时）：
林海亭—老玉皇宫—紫来洞—七星缸—福星观

慈云岭造像专线（全程约 2 小时）：
南观音洞—慈云岭造像—老玉皇宫—樱花地—紫来洞—七星缸—福星观

海拔抬升：239 米

天气选择

选择台风天前后，气温相对较为凉快

穿衣指南

鞋：登山鞋、徒步鞋为主
衣服：透气速干为佳
遮阳帽：需要

适合人群

亲子★★★★
太小的孩子可能会因为天气太热中暑，注意补充水分

长辈★★★
夏天气温过高，不建议老人出游

好友 / 情侣★★★★★
一路走一路聊，爬山不无聊

肚了。杭州人爱吃面条，这和大多南方地区爱吃大米做的年糕、米线一类的习惯不太一样，老人家说这是宋室衣冠南渡带过来的饮食习惯。所以河南朋友们来杭州定居的不少，可能是因为能在这里找到合胃口的面馆吧。我近一两年带孩子们再去爬玉皇山，有一次好奇踏进了老玉皇宫，竟然发现里面的面馆还在营业！我坐在方桌旁的椅子上，抬头看看这棵树，看看那棵树，30 年前的记忆一点一点在复苏。我问孩子们要不要吃碗面，他们都摇头拒绝，急着要去爬山。我轻叹一声，跟老板打了个招呼说下次再来，便离开了。

慈云岭往事

　　还有另外一条上山路，也可以到达老玉皇宫这里。在玉皇山的南侧平地上，有一块杭州人人知晓的八卦田。从虎玉路转进白云路，路变得狭窄，再往里走就没有车道，只能步行。小路的左手边有一座白云庵，右手边就是八卦田了。整块田地被整理成了八边形的形状，中央的圆形田丘种了矮树，中间还有一条分界线，形似半阴半阳的太极图。从中央向外八条边均匀辐射出去，规整出八块大小一致的田。八块田上分别栽培不同的农作物和植物，随四季变化呈现出不同的景色。秋天的时候，八卦田有农事体验活动，可以带孩子来体验割水稻、挖红薯、拔萝卜等。可为什么在杭州城的这个地方会有这样一块奇奇怪

南观音洞

怪的田呢？原来这块田是南宋皇帝"躬耕"以"劝农"的籍田，在皇城的西南方向，距离凤凰山脚下的南宋皇城确实不太远。每到春天开犁的时候，皇帝就率领文武百官到此行籍田礼，亲自拿着犁在田里三推一拨，以表达对农事的重视和对五谷丰登的祈祷。

在八卦田的东北侧有一条主干道，称为"南复路"。离开八卦田沿着南复路向北走几步，可以看到车行的道路延伸进了隧道，但在道路右手边的山体上，有一条石阶路可以上山，路的起点处是南观音洞公交车站。这条路人迹罕至，杭州有几处保留得比较完好的摩崖石刻都在这些人迹罕至的地方。沿着石阶往上走几步就是玉皇山景区售票处，买好票再往前走走，右手边就是全国重点文保单位慈云岭造像。

在说慈云岭造像之前，要先说一说这慈云岭。如今，我们从西湖南线出发去江干、南星桥一带（古时有渡口），可以走玉皇山路隧道，可古时候人们走哪里去抄近路呢？从前，在西湖南线到钱唐（现今江干一带）共有三条"快速路"，从北到南依次是万松岭古道、慈云岭古道和白塔岭古道。慈云岭古道位于凤凰山和玉皇山之间，是这三条中建得最晚，但也是路程最短、使用率最高的快速路。吴越王钱镠在《开慈云岭记》中提到，"梁单阏之岁兴建龙山，至涒滩之年开慈云岭"，也就是钱王在凤凰山下建立吴越王府后，为了西

1-2. 南观音洞造像

湖和江干之间交通方便，在玉皇山开凿了慈云岭古道。慈云岭的一端是南观音洞公交车站附近，另一端就是我们前文提到的林海亭，古道的最高处就是老玉皇宫。走完整段路最多不超过30分钟，相较于万松岭的蜿蜒曲折，慈云岭确实要直接很多。如今站在这条古道的石阶上，半天看不到一个经过的路人，你是否能够想象当年这条岭上商贾往来的热闹景象？

慈云岭造像所在的院落原本是一座寺庙，名为"资延寺"，造像是寺庙的一部分。造像雕造于后晋天福七年（942）前后，是吴越王钱弘佐镌刻，比天龙寺造像早了23年，是杭州现存的吴越国时期西湖石窟造像艺术的代表作之一，也可以说是杭州诸山最古老的石窟造像之一。

站在慈云岭造像的主龛前，没有人挤人的局促，可以细细打量眼前的千年佛像。造像为一铺七身，中间主佛为阿弥陀佛，身披袈裟，右肩搭有一块小布，面部仪态庄严，作禅定状。背后有顶光和身光，火焰纹依然清晰可辨。主佛左右两边分别为观世音和大势至菩萨，作跏趺坐，身后也都有背光。三尊佛像都是坐式，合称为"弥陀三尊"。在其两侧为两尊菩萨立像，最外侧为天王像。

若我们再定睛仔细看，便能发现主佛像的火焰纹左右各有一对飞天，它们身态轻盈，甚至连颈间的飘带都保存得相当完好。在飞天的外侧，是人首鸟身的迦陵频伽鸟，这两个石刻也没有遭到破坏，除了岁月的痕迹之外，羽毛的雕刻都非常清晰，鸟爪的模样也依旧可辨。在这一层佛像之上，整座佛龛的最上方还有七座佛端坐在莲花座之上，面相已经看不真切了，但每尊佛像都有背光，莲花座上还有图案各异的祥云纹，看了让人忍不住啧啧称赞。这还不算，在七尊坐佛的两侧，还有骑狮的文殊菩萨和骑象的普贤菩萨。六牙白象一侧的三根象牙非常醒目，一眼就能看见。而另一边狮子的缕缕鬃毛也是根根分明，丝毫没有受到岁月的影响。若是能静下心来研究这些石刻的细节，便可领略这处造像高超的艺术造诣和精湛的雕刻工艺，确实力透纸背，石穿人心。

在主龛北侧有一小龛，为地藏龛，居中是地藏王菩萨像，左右两旁立着供养人。龛楣上似有浮雕，看不真切，资料显示镌刻的是"六道轮回"浮雕。历经千年的石佛，虽然在南方潮湿多雨的气候下，身体表面隐隐浮着一层绿苔，但依然稳坐莲花宝座之上，似是望向众人，似是望向虚空。杭州寺院里的这些百年古树、千年石像佛塔，都是历史的记录者，记录着古往今来每一位好奇的旅人望向它们的瞬间。而每一位匆匆过客望向它们的瞬间，都是一眼千年。

在主龛造像的最外侧一位天王旁，还有一块石碑，和慈云岭造像一起为全国重点文物。关于这块石碑，值得说一说。这块石碑的碑额和碑文分属两个年代。碑额有12个篆字，以六竖行每行两字的形式呈现，为五代时期的刻文。其中有三个字出现碑刻缺失，已难辨认。整块碑文原是记录后晋天福七年（942）吴越国王钱弘佐建造资延寺及慈云岭造像而镌刻的。然而在北宋绍圣元年（1094），惟性和尚凿平了碑文正文部分，改刻了仁宗皇帝的《佛牙赞》。

走出慈云岭造像群所在的院子，迎面看到一块巨石上写着"佛法僧"三个正楷字，为北宋陈延柏所书。"佛法僧"是佛教三宝，在此人来人往处的石崖上刻印，也显示出当时佛教在玉皇山留下的浓重痕迹。沿着石阶再往前走一段，就到了老玉皇宫了。至此，大致把玉皇山下的慈云岭走完了，现在该去正式爬山了。

玉皇山植被茂盛，藤蔓环绕，在童年的我的记忆里，这里仿佛原始森林一般。当然，原始森林里各种飞虫也不少。经常可以在台阶缝隙里看到扭曲着身子的毛毛虫，在路边石头缝里看到爬进爬出的壁虎，当然还有各种蝴蝶。记忆里有一年学校的暑假作业是做蝴蝶标本，我的爸爸前一天用家里现成的材料自己动手做了一个网兜，说好第二天我和他一起去玉皇山抓蝴蝶。结果第二天我睡过头了，爸爸一个

足城瑰寶

资延寺旧址

慈云岭造像主龛

"紫气东来"石壁

慈云岭古道

人顶着大太阳出门了。等到中午时分他回到家，满身大汗，衣服已经湿透了，却一脸兴奋地把一只塑料袋凑到我眼前，袋子里扑腾着一只蓝色翅膀的蝴蝶。我每次去爬玉皇山，都会想起这件事来，每次都不厌其烦地和一起爬山的人说一说当年我爸爸一个人去给我抓蝴蝶，蝴蝶抓到了结果自己中暑生病的往事。等我自己做了母亲，不知不觉中这样的傻事更是一件没少做，一方面是童心未泯，而另一方面则是来自家人的"言传身教"。我很珍惜这份爱的传承，如果我们家有什么传家宝的话，这一定是最珍贵的传家宝。

紫来洞和"紫气东来"石壁

走到半山腰，山路被盘山公路截断了。穿过盘山公路继续往上走，就到了心心念念的紫来洞。我带着孩子去的那次，一路上和他们描述了紫来洞的神奇，他们都一脸的不相信。爬得都快中暑了，洞里能有多凉快？等走到了洞口，一阵一阵的凉气扑来，孩子们瞬间兴奋地叫起来。洞口的台阶已经被踩得光溜溜的，我紧紧抓着他们的手，一步一步往下走。每走一步，身上的每一个毛孔都在尖叫，好凉快好凉快啊！等下到第一个平台，身体已然非常舒适了。等双眼稍微适应一下黑暗后，慢慢地可以看清第一层平台里的情况。这里有一个水池，池子里养着几尾锦鲤，只是养在这里的鱼多半带着点仙风道骨，轻易不翻到水上来。水池旁的石壁上也有一些石刻。沿着向下的台阶下到第二层，大夏天里也会冷得想打哆嗦了。洞内空间很大，老底子家里没空调的时候，夏天人们会聚到紫来洞来避暑。杭州的夏天是难熬，但

福星观真武殿

也有一些只有大夏天才会有的生活乐趣。

紫来洞外的"紫气东来"石壁，是每个杭州伢儿都要上去爬一爬的。石壁有一条半脚掌宽的外沿，从石壁的一端爬上去，沿着外沿走到石壁的另一端，就算是完成了一次"成长礼"。太小的四五岁的孩子腿力不够，一般连爬都爬不上去。等到了七八岁，慢慢可以踩上去了，有些平衡感好的孩子可以慢慢挪着走。这是考验孩子力量和耐心的游戏，是爬玉皇山的"保留项目"之一。

福星观小憩

从紫来洞的平台离开，孩子们已经嚷着要吃东西了。可以在此补充些水果干粮，继续往上走一走，去山顶的福星观吃素餐。我虽不是一个吃货，但是从小就知道有山的地方就有宫观庙宇，而宫观庙宇里的斋饭做得还很好吃。以往每次去上天竺法喜寺，都会去吃5块钱的素斋，而永福寺素面馆里的青椒豆干面也是一绝。这些都是杭州这个"美食荒漠"里的隐藏菜单，而我真心从未觉得杭州是"美食荒漠"。因为这里人吃的味道很清淡，没有浓油赤酱，也没有胡椒、八角这些香料，唯独讲究一个"鲜"字。即使是素菜，也是清淡的做法，里面加一点提鲜的雪菜、春笋、蘑菇、黑木耳等配料，便是最有锅气的一道菜。

玉皇山顶的福星观，相传始建于唐玄宗开元年间（713—741），初名为"玉龙道院"，迄今已有1300多年历史，供奉三清教主，即玉清元始天尊、上清灵宝天尊、太清道德天尊。金庸小说里两个耳熟能详的人物——丘处机、张三丰，都曾与玉皇

真武殿殿内

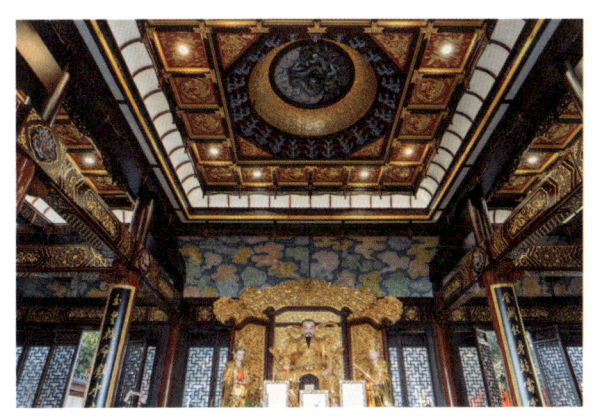

山有过渊源。据说，长春真人丘处机来到玉龙道院修道，由此开创了玉皇山全真龙门派的道场。武当派祖师张三丰，曾来玉皇山上采药。

福星观内的日月池、真武殿和斗姆阁都是与半山腰离紫来洞不远处的"七星缸"配套的，用以镇住玉皇山这条"离龙"，消除杭城火灾。旧时杭州水灾火灾频发，火灾背后的原因是民众大多信佛信教，家里多少都会点些香烛，一旦香烛点过夜，就变成了火险的源头。而旧时的房子大多是木结构，很容易一烧烧一片。我也不确定在玉皇山这条龙上摆一个北斗七星阵对于镇住火龙有没有效果，但是这一排七星缸确实让小时候的我对道教对于天文学的研究有了一个直观的认知。

中国古代对天上星宿的研究有文字记载是始于商，汉代已经有了北斗七星的记载。古人通过研究天文，可以判断季节，然后有了二十四节气，有了农历的计时方法。抬头看星星和低头看脚下的土地，两件事情不仅互相不耽误，而且还互相成就。中国古人的智慧，可见一斑。

如果运气好，可以通过斋堂旁的小门，进入福星观内院。那里有一处茶室，还有一座江湖一览阁。和吴山上的江湖汇观亭形似，都是有盘旋楼梯可以上到二楼的。站在二楼平台上，即使是 8 月里也能感受到风一阵阵吹来。放眼望去，视野开阔，蓝天白云之下，钱塘江景尽收眼底。这般大气的景象，看得直叫人身心舒畅。

之江三折，六和雄姿，白云千载碧空悠悠；

群峰苍翠，江湖隐约，山高万仞只登一步。

你知道吗，
金石学研究有个新发现！

近年来，关于慈云岭造像旁《佛牙赞》石碑最上面的碑额中 12 个篆字缺失的三个字是哪三个字，也有了新的发现。

之前对于这三个字的认定，一直沿用清代金石学者的结论，认为 12 个篆字应为"新建镇国资延遐龄石像之记"。这一结论也清晰地标注在造像一旁的说明立牌上。然而在 2020 年，杭州的金石爱好者在访石过程中，发现碑额中的"遐龄"两字可能有误，认为应为"禅院"二字。证据之一是在满觉陇水乐洞也有一块五代时期的残碑——《西关净化禅院新建之记》碑，碑文已经漫漶不识，然而碑额上的"西关净化禅院新建之记"十字篆书依然保留至今。两相对比之下，慈云岭造像旁石碑碑额缺失的文字残存的偏旁部首指向的文字，确实更接近"禅院"二字，并且在意思上也更加通顺合理。

山仔提议大家都去亲眼看看两块石头，然后做出自己的"考古"结论。

9月
宝石山历险记

宝石山作为西湖边独立的一座山,
一年四季都可以爬。
山顶是眺望西湖和断桥的绝佳地点,
春花、夏荷、秋叶、冬雪,风景四季皆宜

> "当年那场说走就走的
> 宝石山历险记,
> 也许就是
> 我爱上爬山的
> 那个最初机缘"

有一天,我的孩子问我:"妈妈,你童年最有趣的一件事是什么?"我看了一眼他的作业本,看来是学校布置的作业,回来问家长问题然后做记录。那我可要好好想一想,千万不能让我这"80后"的童年趣事被"10后"鄙视了。要是听完了,"10后"来一句"就这……",那老母亲以后说话还算数吗?

正好前两天和几个小学同学爬山,一路爬一路回忆小学的时候全班同学被自然老师带出去爬宝石山的事,大家你一言我一语,把这件30年前的尘封往事回忆得七七八八。我掂量了一下这事足够精彩有趣,现在的小孩想要再体验一次估计社会大环境都不允许了。如此绝版的故事,不妨把它讲出来。

20世纪90年代,我在西湖边的一所小学读书,标准的公立学校,一个班50多号人。这样规模的班级一般只配一个班主任,但是我们班有过分活跃的同学,所以有两位班主任。协助管理的副班主任是全校唯一的自然老师,相当有个性,养蚕宝宝、养小蝌蚪之类的,他在必修课上肯定一样都没有落下地带我们玩。春天到了,他还直接从学校的蔷薇墙上折树枝下来让我们带回家自己扦插。有这样的老师当我们的副班主任,那不搞出点事情来都不正常。他走的路线用现在的思路来理解就是:纪律差的班级越整顿纪律是越没用的,得把大家的能量用正确的方式激发出来,通过有集体荣誉感的事情来把这些能量定向释放掉。

于是在四年级还是五年级的一个寻常下午,他说要带大家去校外放风筝。那天下午晴空万里,我们带着风筝,两人一排,从学校浩浩荡荡地出发了。原本定在少年宫广场放风筝,那里有一大片空地,很适合。可谁让我们班的同学思维活跃呢,有人提议去宝石山上放风筝,那里也有一块平地,在山上"风还大,风筝更容易飞起来"。也不知道这种说法是否有科学依据,但这位"大自然老师"听了大家的建议就同意了,一抬脚就带着大家走到了宝石山脚下。现在作为父母,要是知道两个老师带着50多个熊孩子去山上放风筝,我估计要坐立不安急得跳脚。可当年的我们却是相当兴奋,我们的老师也没觉得有什么大问题,我们的父母好像事后也没提意见。我们当年到底在山上历了什么险?且听下文分解!

北山街街景

宝石山游览图

景点标记

- 岳王庙
- 白沙泉
- 青芝坞
- 黄龙洞 ⑰ 终点3
- 下山路
- 抱朴道院
- 初阳台 ⑬
- 岳王庙 ⑯ 终点2
- 蛤蟆峰 ⑫
- 蹬开岭 ⑪
- 玛瑙寺 ⑮ 终点1
- 葛岭山门 ⑭
- 川正洞 ⑩
- 寿星石 ⑨
- 保俶塔 ⑧
- 纯真年代书吧
- "宝石山"题字观景台 ②
- 关岳庙昭忠祠牌坊 ⑦
- 葛岭公交站
- 起点1 ①保俶塔前山路
- 宝石山造像 ⑥
- 大佛寺遗址 ⑤
- 宝石山下一弄
- 北山街
- 断桥
- 保俶路
- 起点2 ④宝石山下一弄
- 少年宫公交站
- 曙光路

交通信息

公交：搭乘 WE1314 路到达葛岭公交站，下车后转入保俶塔前山路，沿"宝石山"题字观景台专线游览；或搭乘"武林广场至灵隐专线"到达少年宫公交站，下车后步行 10 分钟至宝石山下一弄，沿宝石山造像专线游览

自驾：保俶塔前山路上行 50 米处有停车场，但停车位有限

路线概览

"宝石山"题字观景台专线（全程约 1.5 小时）：保俶塔前山路—"宝石山"题字观景台—纯真年代书吧—保俶塔—寿星石—川正洞

宝石山造像专线（全程约 2 小时）：宝石山下一弄—大佛寺遗址—宝石山造像—关岳庙昭忠祠牌坊—纯真年代书吧—保俶塔。后途经寿星石、川正洞、蹬开岭，攀爬至蛤蟆峰顶，可饱览湖山风景。从后山一路走去抱朴道院，这一路树木繁茂，行人不多，可以边走边看，然后选定一个方向下山：

（1）从南面山径下到葛岭玛瑙寺一带，去连横纪念馆逛一下江南园林，喝个咖啡、闻闻早桂的香气

（2）从西面山径下到岳王庙，入内参观，了解岳飞抗金的历史

（3）从北面山径下到黄龙洞、白沙泉一带，去青芝坞吃农家菜，再去黄龙一带的酒吧感受杭州的夜生活

海拔抬升：约 100 米

天气选择

杭州大多数的山，不管晴天雨天都可以爬，各有滋味，但是宝石山建议避开雨雪天气。因为后山爬到峰顶的路段确实非常陡峭，并且都是直接在石头上开凿的山路，经年累月间已经被打磨得挺光滑了，雨雪天气会导致该路段不好行走

穿衣指南

鞋：抓地力强的登山鞋最佳，徒步鞋、慢跑鞋亦可。不建议穿皮鞋、凉拖鞋、洞洞鞋等

衣服：速干衣裤最佳

遮阳帽：需要

适合人群

亲子★★★★★
适合带 5 岁以上孩子出行

长辈★★★
山顶路难走，不推荐

好友 / 情侣★★★★★
男友力足的请放心前往

1. 竹林石阶
2. "宝石山下一弄"指路石
3. 半身石佛像残迹
4-5. 宝石山造像(冯静默/摄)

宝石山名字考

宝石山是西湖边离市区最近的一座山,山路沿途有保俶塔、来凤亭、寿星石、宝石流霞、川正洞、蹬开岭等景观,山顶蛤蟆峰一带绵延至后山,有许多可供攀爬的石峰,再往西去连着初阳台、葛岭、抱朴道院、黄龙洞、紫云洞和栖霞洞等景点,几乎是每个杭州伢儿爬的第一座山。山名的由来有几种说法。一说因为宝石山与西湖群山的形成过程不同,其山体是由火山喷发形成的,山上的岩石主要是火成岩中的流纹岩和凝灰岩。赭红色的山体岩石中嵌满了玛瑙状的晶体,经阳光映射,分外耀眼,故名"宝石山"。还有一说是宝石山原名"落星山",因为山上有块落星石,石头形状上宽下窄,成倒三角形立在山顶,怎么看都觉得很容易就被推倒。但是真正抬脚去够一下,任由你使出全身的劲,它亦岿然不动,令人啧啧称奇。吴越国王钱镠根据星象,以此石的位置正好与天上二十八星宿中东方苍龙七宿的角(龙头)、亢(龙脖颈)相对,角亢两星宿属十二星次的寿星,故将此石封为"寿星石",将落星山封为"寿星宝石山"。

从北山街上的"保俶塔前山路"上宝石山,是我常走的上山路,这条路在30多年前就已经有了。沿着坡路走一小段,便看到一排宽阔的台阶,足有四五十级,两边种着参天的竹子,把整个天空都快遮盖

4

5

住了。竹林有一种神奇的气场,能够让环境瞬间静谧下来,上一秒还是车水马龙,下一秒已经是仙风道骨,耳边只剩下风吹竹林的沙沙声。听着耳畔的风声,嗅着草木的芬芳,拾级而上爬上第一个平台,跃然眼前的是一块巨大的山石,上面有书法家沙孟海题的"宝石山"三个红色大字。旁边有个小观景平台,可供游人在此休息拍照。

大佛寺和宝石山造像

宝石山还有一条从东面上山的路也值得一试。若是不想从车流繁忙的北山街走,可以直接从东边保俶路最靠近北山街的岔口,沿着"宝石山下一弄"上山。这条小

宝石山

众的上山路线,沿途能考到不少古。

爬上数十级台阶后的第一个平台立着"大石佛院造像"的市级文物保护单位石碑,旁边是大佛寺的介绍。大佛寺在我父母一辈还留有印象,而我几乎已经没有关于这处寺院遗址的记忆了。

大佛寺介绍石碑上记载此处的佛院最早是在吴越时期建造的,北宋宣和六年(1124),僧人思净将这块大石头凿成弥勒佛半身像,故名此院为"大石佛院",后世俗称"大佛寺"。而后屡建屡毁,目前此处虽然存有一间木结构建筑作为寺院主体,另在寺院东部存有半身石佛残迹,但是整个区域都已经用围栏围起来,不可进入,只能透过围栏的缝隙,看到残缺的大佛模样。杭州残缺的石像不少,但是像这

纯真年代书吧内景

尊大佛这般身高体量的，真的不多见。当我双目怔怔地盯着这尊残像看时，脑海里出现的是云冈石窟、龙门石窟中大佛的模样。若是这尊大佛能保存至今，那西湖边这处人迹罕至的景点怕是另一番模样了。

再往前走十几米，便能看到一组石像，现统称为"宝石山造像"。这一组造像始建于明洪武十四年（1381），原本是一组绵延50米的群像，但是在20世纪60年代遭到破坏，多数造像已经残缺不全，在偏左边的一尊造像上有一道刻有六字真言的横幅，依然清晰可辨。在这组造像的对面，是关岳庙昭忠祠牌坊。宝石山上原本有祭祀关羽和岳飞的关岳庙昭忠祠，现已不存。这座牌坊是北洋三大军阀之一的孙传芳所建，石柱上的楹联刻于民国十五年（1926）。

几步之内，时光已穿越了千年。如果你是历史爱好者，欢迎来这条路线打卡，看一看彼时"饰以黄金，构殿覆之"的大佛寺巨石和宝石山造像群。这一片千疮百孔的造像群不远处就是游人纷至沓来的断桥，可此处不过十米之外却是鲜有人问津。对比之下，这一份沧桑感，将会带给你无限的感慨。

纯真年代书吧和它背后的当代爱情故事

话说回来，如果是从保俶塔前山路上山，一口气从山脚爬到观景平台处，别说小朋友，成年人也会喘上一会儿。但大家别被吓到，宝石山海拔不足100米，真正向上爬的山路就这一段加上拐弯的另一段，然后就到了半山腰的平地，后续的路程多是沿着岩体行走，考验专注力多过耐力。在这里不得不提的一个地方是爬上拐弯的另一段山路，赫然出现在眼前的"纯真年代书吧"。

这间书吧有三层楼高，一楼是杭州有名的文学活动场所，定期不定期地都会有作家来做主题分享和签名售书。小时候印象中这里是个小卖部，后来考据了一下，这间书吧的确是2009年才开张的。我在

2022年的梅雨季节一个下着雨的午后，撑着伞和友人一起去爬宝石山。爬到山腰，一抬头看到一块湿漉漉的褐色牌匾上写着"纯真年代"四个金色大字，一下子被吸引了。收起伞走进去，右手边的大厅里乌泱泱坐满了人。下雨天还有这么多人，来参加什么活动？定睛一看，台上坐着作家王旭烽和吴晓波。原来是两位关于杭州的新书出版，一起来开个读者见面会。我想进去凑个热闹，被工作人员告知门票已经售罄，里面已是座无虚席了。知名作家来此售书，文学爱好者下雨天依然蜂拥前往参加活动，这个书吧的魅力不一般啊。书吧的二楼是对外开放的茶座，正厅的两扇大窗户正对着西湖，推窗即见树木掩映下隐约的湖光秀色，可以想见不管是哪个季节、晴天抑或雨天，坐在这窗边喝茶聊天都别有一番滋味。正墙上挂着一幅水墨画，画的是荷花繁盛的季节从断桥上远眺保俶塔的景象。侧面墙上挂着一副莫言先生写的对联："看山揽锦绣，望湖问子潮。"

　　正是这一副对联引起了我的好奇心，这书吧的主人是谁？为什么他会在寸土寸金的市中心山腰处开个书吧？为什么这里有一副莫言赠送的对联？现代社会的问题通过手机很容易找到答案，感兴趣的朋友可以在微信里搜索"纯真年代书吧"的公众号来探索。

夕阳下的保俶塔

宝石山上保俶塔

从书吧出来,再沿着右手边的台阶走上几步,就到了宝石山顶。这片山顶在如今的我看来,只是多么小的一块空地啊,一个转身就已经尽收眼底了。C位自然是秀丽挺拔的保俶塔,高高耸立在宝石山上,是西湖的代表性景观之一。"西子湖边,保俶塔尖,暮霭迷蒙。"茅盾的《沁园春·为〈西湖揽胜〉作》首句,写的便是宝石山上的保俶塔,足见这一山一塔的地位。保俶塔又名"应天塔""宝所塔",始建的确切年月已不可考据。据说北宋于975年灭南唐后,吴越国王钱弘俶奉诏进京,大臣们和百姓为祝福他平安归来,特建此塔,故名"保俶塔"。其实,此塔在钱弘俶之前已经建成,1000多年间屡毁屡建,明万历七年(1579)重修,仍为七层重檐阁楼式结构,彼时保俶塔还可登高远眺。随着岁月流逝,保俶塔外层已不复存在,只剩下塔心。1924年,与保俶塔隔湖相望的雷峰塔倒塌,保俶塔亦倾斜。1933年重修时,保留了明代铁铸的塔刹。1997年杭州市政府对保俶塔进行维修,撤换下来的明代塔刹现如今就陈列在保俶塔旁。杭州市政府还贴心地在塔旁建了三组宣传栏,介绍西湖北山一带的风景名胜和文物古迹,让初到此地的游人在领略湖光山色的同时,也能一并了解北山街的过往今朝。

此前十几年,我离家在外求学工作,回杭州的机会不太多。每次回来都会选择先去北山街走一走,沿着西泠桥绕到孤山路,在那个拐角上看落日是一绝。然后再沿着白堤走走看看两岸的柳树抑或是荷花,忽一抬头望向远方便可见月色下的保俶塔,亭亭玉立,秀丽玲珑,果然是"雷峰如老衲,保俶如美人"啊!夜晚的塔身被荧黄色的灯光照得透亮,和北山街的灯光一起倒映在湖面,简简单单的一点一线,便勾勒出我最熟悉的杭州。每每看到这个场景,总能让我觉得心中提着的一口气松了,回家了。

我们是一群快乐的泥猴儿

我已经不太记得当年的我们是否真的在保俶山顶平台成功把风筝放起来了,依我现在的观察,山顶树木繁盛,风筝即使飞起来,跑几步应该也会挂到树上了。但是当时我们应该在山顶疯玩了很久,那些大大小小的石头,不管是哪个孩子见了都会想爬一爬。现在每当周末天气晴好,宝石山顶全是大人带着孩子来"爬"山,每一块石头上都攀着几个手脚并用的娃。要是爬到后山蛤蟆峰那一片,山顶狭窄的过道在周末是会堵"车"限行的。有几座山峰成年人去爬都需要手脚并用,小心翼翼地看好每一个着力点才能爬到山顶,真的很难想象,当年两位老师是怎么看住我们50多个皮孩子的。但记忆里,我们当年在宝石山顶玩得非常畅快。如果故事到这里就结束了,那有趣指数只能刚刚够到及格线，后面下山的故事才叫惊险刺激。

正当我们准备收拾下山的时候，天空忽然飘起了雨点。宝石山从前山上山的路离学校远，后山还有一条下山的路，离学校近。于是我们选择从后山下山。如今我们沿着后山的石阶路，很轻松地就能下到宝石山下四弄，前后不过一刻钟的时间，但是这条路是2001年在热心人士倡导下，由中国体育彩票公益金捐资，在宝石山东面修建起来的。我们去的那年，下山还没有石板路，全是土路。平日里走野路下山，深一脚浅一脚也能走，恰好那天的雨转眼就下大了。雨水顺着沟沟壑壑流下来，一下子就把后山的土路浇成了泥巴路，一脚下去踩深了直接就陷进泥里，要是踩下去正好是块石头那就一脚滑出好远，一屁股坐在地上。胆子小的女生不敢下脚，胆子大的男生冲在前面又摔了一片，一时间尖叫声四散开来。我们一开始也想找地方躲雨，但是雨势大得连犹豫的时间都没有。最后大家就硬着头皮往下冲。在一开始坡度大的地方就索性坐下来，谁也顾不得衣服裤子干净不干净了，滑滑梯般一溜烟溜了下去。到了后半段坡度稍微小点了，我们就站起来往下冲，冲一小段就抱住一棵树，用树做缓冲歇一下，看看方向，然后再冲一段，再抱住树歇一下。等到我们都下了山，一点人数一个没少。可是此时大家满头满身都是泥巴，手上也是泥，鞋子早就被泥巴裹住看不出样子了。我们一群泥猴儿就这样笑着叫着，冒着雨跑回了学校。

这出闹剧最后是怎么收尾的，我们作为孩子真的是一点印象也没有了。父母的责骂，学校的反应，即使有也早已成了过眼云烟，都不重要了。唯一在我们记忆中留下来的是那一天的经历以及伴随着的种种情绪，开心、兴奋、紧张、害怕、迟疑以及鼓起勇气。之后每一次我去爬宝石山，脑海里都会不自觉地闪回这段经历，儿时的情绪被无限放大，以至于这次我在给我的孩子讲述这段经历的时候，眉飞色舞、手舞足蹈。当我洋洋洒洒把故事讲完，自己还陶醉其中，孩子瞪大了眼睛看着我问："妈妈，你这个故事是真的吗？你不会是编的吧？"我扑哧笑出了声，这个故事必须是真的，因为它足足有50多位见证人呐！

葛岭和抱朴道院

从蛤蟆峰下山，如果不着急，一般都会去葛岭转悠一圈。葛岭在宝石山的西面，岭高160多米，据记载距今1600多年前，这里是晋代葛洪（自号抱朴子）的炼丹处。在我小时候的印象里，葛岭就是个神神道道的地方，每次爬山经过，都能看见有人在一片开阔的空地上身着白衫打太极拳，吸收天地之精华，陶醉其间，旁若无人。葛洪晚年来杭，在葛岭建抱朴庐炼丹，著有《抱朴子》内外篇七十卷，对道教的发展影响很大。南宋时，宋高宗将抱朴庐辟

抱朴道院外景

为御花园之一，名"集芳园"。1985年4月，杭州市道教协会成立，将抱朴道院作为杭州主要活动场所。现在的道院对外开放，黄色的山门上写着"抱朴道院"四个黑漆大字，非常有视觉冲击力。进入后看似不大的地方沿着山势一路向上，修有葛洪殿、半坡堂、红梅阁等建筑。旧时的渥丹室、还丹井等遗址都保存至今。游人走累了，可以在道观旁的抱朴茶社歇脚喝茶。

宝石山是一座宝藏山，山上藏龙卧虎，山下四通八达。游览完葛岭，想要下山去的选择也不少。从南面山径下到葛岭山门，再向西走几步便是玛瑙寺（现如今为对外开放的连横纪念馆），去那里逛一下江南园林，喝个咖啡、闻闻早桂的香气，自然是惬意的；抑或是从西面山径下到岳王庙，进去参观了解岳飞抗金的历史，在"尽忠报国"四个大字前留影，在岳飞墓前献上一束菊花；还可以从北面山径经过初阳台下到黄龙洞、白沙泉一带，去青芝坞吃个农家菜，再去黄龙一带的酒吧感受下杭州的夜生活。

走，爬山去

1

2

3

最初的机缘

宝石山作为西湖边独立的一座山，一年四季都可以爬。山顶是眺望西湖和断桥的绝佳地点，春花、夏荷、秋叶、冬雪，风景四季皆宜。每一次站在山顶的位置欣赏眼前的西湖，看着左手边的钢筋水泥城市和右手边的绵延青山在视觉中心点交融在一起，我都会感慨杭州这座城市为了生态保护与城市发展的和谐统一付出了多少努力。老底子西湖边的建筑都是限高的，离西湖越近，建筑高度就越低。湖滨地区的建筑高度限制在25米，这个高度是怎么来的呢？翻阅资料后发现，竟然是以西湖四周的法国梧桐树树梢高度为标准制定的。小时候一直很纳闷，为什么杭州高楼大厦那么少，热闹的市中心都没有那种把脖子仰成直角还看不到顶的大楼。直到自己走过了世界各地繁华的大城市后，我才意识到要建高楼是容易的，难的反倒是保护这"三面云山一面城"的城市风貌，保护好山际线，让山水相依，让建筑和湖光山色并存。

宝石山于杭州这座城市而言，是一张古老的名片，是市中心西湖边最遗世独立的一座山，它不与其他山峰相连，千百年来默默伫立在断桥边，静看四季更迭，游人往来如织。而这座山于我而言，每每去爬都会让我想起30年前的那段往事和那位自然老师。"师恩难忘"四个字未曾说出口，但是早已成了同学间的默契。后来读高中，读大学，甚至工作后，只要有同学组织去看望这位老师，我们这帮小学同学都会欣然前往。用现在流行的话说，他是一位有松弛感的老师，用完全不一样的方式与我们对话。他不仅在课堂上教授关于大自然的知识，更是用实际行动让我们亲近大自然，走进大自然，让我们的能量在自然界中肆意舒展，不知不觉间，我们每一个有机体都成为自然的一部分。

多年以后我才意识到，当年那场说走就走的宝石山历险记，也许就是我爱上爬山的那个最初的机缘！

1-3. 岳王庙

杭州的"杭"是怎么来的？

秦朝推行郡县制，在杭州一带设置了钱唐县。所谓的钱唐县具体在哪片区域呢？山仔来告诉你。

秦朝时的钱唐县是指宝石山一带到西边灵隐寺一带，南边凤凰山一带，三面环山一面临海的以群山为主的一个山中小县。当时的县治应该是在西湖以西的区域。

到了汉代，西湖以东逐渐由于泥沙堆积而形成陆地，有了城郭的雏形。彼时为了防海水入侵，在城市和大海的交界处筑防海大堤，县治也迁至湖东凤凰山一带。

隋开皇九年（589），将太湖以南的这片区域升级为"州"。由于州治起初设在余杭县，故称为"杭州"。次年州治就迁往钱唐县，设在凤凰山麓的柳浦，即今江干一带。山仔一度有疑惑，之前的县治已经设在凤凰山一带，为何新设的州治会转而去余杭呢？又为何会在一年之后又迁回凤凰山呢？其中缘由大抵是因为开皇九年（589）隋军渡江灭陈，实现中国的再次统一，为了与前朝彻底划清界限，故而把新设的州治放在余杭。但是隋文帝统一之后，急于将北方的制度移植到江南，遭到百姓抵抗，他又派杨素出兵镇压，二次统一江南。统一之后还是基于凤凰山柳浦一带绝佳的地理位置，重将州治迁回钱唐县凤凰山一带。（钱唐自设县之初，便写作"钱唐"，后到了唐初，为避讳国号，改"钱唐"为"钱塘"。）

既然"杭"字来自"余杭"，那"余杭"又做何解呢？山仔翻阅资料之后，发现有两种解释。第一种解释说"余"就是文言文中常见的句首发语词，而"杭"字通"航"，太湖以南地区水网密布，"以船为车，以楫为马"也实属平常。第二种说法，就要追溯历史了。约公元前2070年，禹建立夏朝，其后十年，南巡至会稽山会盟南方各部落诸侯，最后客死于此。大禹曾从钱塘江的北面向南面渡江，因此，他造船渡江的地方就留下了一个地名——"禹杭"，时间一长，就讹传为"余杭"了。

10月

满觉陇的桂花
与杭州老鸭煲

每年快到国庆节的日子,去杭州光带眼睛不够,还一定得带上鼻子。
不用往拥挤的景区挤,居民小区楼下,地铁公交站旁,
走到哪儿空气里都飘着桂花香。
可等到了满觉陇,看到的又是另一番景象了。
在这条长不过百米的山路沿线的村落里,种了上万棵桂花树

汤屋

> **桂花开得那么小,
> 连个花型都说不上来,
> 镜头要在花上聚个焦
> 更是难上加难,
> 这样的花怎么
> 就成了杭州的市花呢**

杭州的秋天,非得要去满觉陇报到吗?

你要这么问,我肯定连连摆手。世界上哪里有非得要去的地方,非得要去做的事。多年以前,有外地朋友问我,你们用天目山的笋干炖老鸭煲,可以把鸭子换成鸡吗?我一时被这个问题问住了,大脑宕机了三秒钟,从来没思考过这个问题啊。从小到大每次吃老鸭煲都是先把笋干捞干吃净了,然后再撕着已经炖得稀烂的鸭腿肉大快朵颐。如果真要换成鸡,大体也是可以的吧?

为什么爱往山里跑？

每年快到国庆节的日子，来杭州光带眼睛不够，还一定得带上鼻子。不用往拥挤的景区挤，居民小区楼下，地铁公交站旁，走到哪儿空气里都飘着甜甜的桂花香。桂花是杭州的市花，所以杭州城遍植桂花树。小时候国庆节大家庭聚会，一般会去植物园里赏桂聚餐。那里环境优雅，树荫茂密，是父母叔伯这一辈最喜欢的道场。一大家子聚在一起喝茶吃饭，桂花香成了最好的背景。桂花季去满觉陇，其实是我这两年自己给自己折腾出来的项目。

过去的十多年时间里，适合年轻人的游玩业态在杭州的山里开发得如火如荼。我那时没有生活在杭州，每次回家都是行色匆匆，没有太多机会深入了解。这两年回了杭州，周末可以腾出时间来在一片又一片山里走走逛逛，我才发现杭州的好地方全在山里。如果有杭州的朋友邀请你去山里吃饭喝茶，这一定是非常重视你，千万别因为交通太麻烦而拒绝。

杭州政府把山里的民居都做了整片的规划，梅家坞一带、天竺路一带、四眼井一带、满觉陇一带、龙井一带、三台山路一带，这些嵌在西湖景区最核心处的山舍村居，如今披挂上了最潮流的设计，成为一处处与自然有机结合的茶馆、咖啡馆、饭馆、民宿、酒吧，这些是年轻人最喜欢的道场。而满觉陇一带，从石屋洞开始沿着狭窄的主干道一路蜿蜒向上，各色店铺

1-2. 烟霞洞造像

③ 杨梅岭　终点1

终点2　⑤ 烟霞洞

④ 水乐洞

水乐洞公交站

猫咖

② 满陇桂雨石碑

户外风咖啡店

汤屋

① 石屋洞

起点

交通信息

公交：搭乘87路车到达石屋洞公交站，下车后即可步行进入满觉陇

自驾：海华满陇度假酒店有停车场

虎跑路

路线概览

满觉陇赏桂专线（全程约 1 小时）：
石屋洞—满陇桂雨石碑—杨梅岭

烟霞三洞专线（全程约 2 小时）：
石屋洞—满陇桂雨石碑—水乐洞—烟霞洞

海拔抬升：约 150 米

天气选择

十月的每一天都是好天气

穿衣指南

鞋：登山鞋、徒步鞋为主

衣服：抗风保暖为主，早晚凉

遮阳帽：需要

适合人群

亲子★★★★★
满觉陇的烟霞三洞适合小朋友去探索

长辈★★★★
高峰期略显拥挤

好友/情侣★★★★★
满觉陇的桂花加上近两年新添的非遗集市，把整片山头的观赏性和游玩性提升了

此起彼伏。在我眼里，这些不是店铺，而是店主人们的世界观。他们认为这个世界人和人之间的关系是怎样的，那他们的道场就呈现出怎样的姿态，吸引着喜欢那个气场的人群聚集。我一年四季都爱带朋友往满觉陇山里去，其实是借个由头把那里看着就满心满眼喜欢的场子一个接着一个去坐一坐。

桂花专家

除开十月，其余月份去满觉陇，不堵车。从石屋洞一路走上去，除了生活在这里的人们、住在这附近民宿的游客，路上看到的散客不太多。最常见到的是骑山地车的年轻人，三三两两结伴，戴着头盔眼镜，穿着骑车专用紧身衣，费力地扭动着屁股，蹬着自行车爬坡。这一带山路绵延，适合骑车锻炼。太阳升起、落下，村庄雨后湿滑的路面，这些景象我都用双眼记录过。但要说全面的感官盛宴，还是非得在十月去满觉陇报个到。笋干只有和老鸭一起炖，把老鸭肥厚的脂肪层溶解在汤里，配上笋干的咸鲜，小火熬制一下午，才能熬出浓烈而醇厚的汤来。只消喝一口，便能长长地哈出一口气，五脏六腑的元神都归位了，妥帖了，落胃了。

十月去满觉陇，车子开进虎跑路，开始堵车了，便也离目的地不远了。高峰期堵上二三十分钟是很平常的事情，所以如果不是自己开车，我一般都会在堵得走不

动的时候"跳车"。在西湖核心地带，最好用的交通工具是自行车，其次是双腿。

路两边到处种着桂花树，桂花的香气随着十月的风，一阵阵灌进鼻子里。可等到了满觉陇，看到的又是另一番景象了。在这条长不过百米的山路沿线的村落里，种了上万棵桂花树。树冠挨着树冠，等到了花期，一阵风过来，地上就是一片片吹落的桂花。这里桂花的品种也最全，金桂、银桂、丹桂，单独看可能认不清，把这三种花放在一起，很快能分辨出差别：银桂最浅，只带一点淡淡的奶黄色；金桂其次，是最正宗的金黄色；而丹桂，则是浓郁的橘红色。香味也是由淡到浓，银桂最淡，丹桂最浓。孩子们最善于观察这些细微的差别，他们拿着喝空的玻璃饮料瓶，蹲在树下收集桂花，这里拿一点，那里拿一点，放进去的花朵自动分了层，颜色的差别就看得十分真切了。

收集桂花的不光是孩子，还有满觉陇的村民。只要是桂花季去，便能看到家家户户院子里摆满了直径约一米的竹匾，用来晾晒今年新鲜的桂花。家家户户还会在门口放个小推车，里面是琳琅满目的桂花周边。晒干的桂花装玻璃瓶，买回去配着红茶乌龙茶一起泡，那是点睛之笔，满屋飘香。还有各种桂花糕、桂花糖、桂花蜜，都点缀着今年新鲜的桂花。就和云南特产鲜花饼一样，桂花季的满觉陇，把桂花的能力发挥到了极致。这一条街走完，愣是能把一个对桂花一无所知的人变成桂花专家。而你很难不在这样热热闹闹的氛围中，爱上杭州的市花。

骑行

沿街咖啡馆

桂花树

FOX
COFFEE

桂花与猫

吴刚和他的桂花树

是啊,桂花开得那么小,连个花型都说不上来,拍个照大部分的画面都是叶子,镜头要在花上聚个焦更是难上加难,这样的花怎么就成了杭州的市花呢?可退休后的白居易,每每回忆起江南,头一个想起来的就是"山寺月中寻桂子",你说这是为什么?理解了桂花的优点,多半也理解了杭州人的特点。表面看含蓄、内敛,凑近看却是内涵饱满、香气扑鼻。如果以后我家有个院子的话,我第一考虑的应该是种几棵桂花树。这样一来,秋天的月夜,我就能光着脚坐在院子里,闻着阵阵桂花香,泡上一壶桂花九曲红梅,跨时空体会一下乐天先生心心念念的江南忆。

满觉陇里有个西湖十景的碑,写的是"满陇桂雨"。西湖那么多景色的名字里,唯独这一个是念着名字仿佛就已经闻到了香气的。而为了这场十月限定的桂花雨,去满觉陇赶个人场又何妨。

你知道吗，
大文豪苏轼也是从小弟当起的

每个厉害的人物都是从给大佬拎包开始的，连苏轼也不例外。口说无凭，证据在哪里？证据就在满觉陇路3号的石屋洞里。

石屋洞是满觉陇一带的烟霞三洞之一，洞内的造像开凿于吴越时期。原先主龛是一铺七身菩萨造像，次龛是西方三圣造像，主龛造像的形制与慈云岭造像的主龛是一致的。在20世纪90年代造像修复过程中，主龛和次龛的造像都做了调整。主造像之外，石屋洞最引人瞩目的就是岩壁上层层叠叠排列组合的罗汉像，合计有500多尊。

东坡先生当年"到此一游"的石刻，就隐在这大大小小的罗汉造像之中。

在次龛的东侧，有一块切口很新的题刻，每个字被刷成了醒目的蓝色，上书"陈襄、苏颂、孙奕、黄颢、曾孝章、苏轼同游，熙宁六年二月二十一日"这25个字。这块石刻是根据民间收藏的石刻拓片于1996年重刻的。

北宋熙宁六年（1073），正是苏轼第一次来杭任通判的第三年。同游石屋洞六人小组排名首位的陈襄，时任杭州知州，是苏轼的顶头上司，也是他的至交好友。五月临平山中提到的《南乡子·送述古》一诗中的述古就是这位陈知州。其后的苏颂是一名技术型官员、天文学家，一生从政五十余载，为北宋仁宗到徽宗五朝重臣，曾在熙宁九年（1076）知杭州，其后在73岁官至宰相。黄颢、孙奕和曾孝章都是陈襄的老乡。这么一看，这六位的关系实际上是陈襄的朋友圈再带上了一位苏小弟。

然而故事并没有就此结束，近几年金石学研究对这块25个字的石刻有了新的发现。金石爱好者在一次次访石中，偶然在这块新刻的石壁旁不远处，发现了原刻！原刻位于僻静的角落，蛛网织结，但是开头的陈襄的"陈"字依旧可辨。

光影横斜，俯仰之间，时光已飞逝千年。所有的故事都归于山野，唯有这眼前的石头，它不会骗人。

11月

十里琅珰上的红衣女侠

若一定要让我给杭州的四季排序的话，
秋天和春天确实难分伯仲。但是随着年龄增长，
秋天在我心里的分量越来越重了

> **爬山
> 爬到爬不动的那一天，
> 看风景
> 看到看不动的那一天**

若一定要让我给杭州的四季排序的话，秋天和春天确实难分伯仲。随着年龄增长，秋天在我心里的分量越来越重了。

欣赏秋天，不在花的新生，而在叶的枯萎。绿叶从变黄到掉落的过程，美得让人心惊，让人不禁联想，人的自然衰老，是不是也可以如此这般美得惊天动地。究竟什么样的姿态才算是优雅地变老呢？

大自然带给我的问题，答案得去大自然里找。

秋日即景

十里琅珰

山上的喝茶人

十一月去爬十里琅珰，还没到梅家坞公交车站的起点处，就已经被一路过来看到的美景折服了。心里连连赞叹，手机不停地拍照。路边高大的水杉呈现出太妃糖般的焦黄色，配上夹种其间的枫树，如流火般的红叶，是色彩搭配的天花板。远处的茶山依旧浓绿，积蓄能量以待第二年春天萌出新芽。呼吸的每一口空气，都是江南十一月的味道，凛冽干爽中夹带着最后一丝余温。

有很多处入口可以上琅珰岭，我最常去的起点在梅家坞公交车站以东，这里有一块十里琅珰的牌坊，第一次去的人很容易就能找到。在走上平坦的山脊路之前，先得爬40分钟左右的山路。十一月，天气渐凉，叶片变红变黄的速度随树种而各有差异，或深或浅，或浓或淡，走进山里，看到的景色如油画般动人。这样的景色，在工作日是不能随便看的。即使是一张照片，也会叫人在工位上如坐针毡，心痒难耐。

上山的路走了一多半就到了文碧峰，那里有一处观景平台，四五平米，开阔处有几块高大的石头，石头跟前种着几棵松树。站在平台上向远方眺望，看到的是西湖西北面的群山风景。有一次爬到这里，

龙井村农家菜

上天竺法喜寺

梵音亭
④

最美山脊线

狮峰茶园

⑤ 龙井村 终点

梅灵南路

文碧峰 ②

③ 三分叉

① 起点 十里琅珰牌坊

公交

交通信息

公交： 搭乘公交121路到达梅家坞公交车站，下车后即可进入十里琅珰景区

自驾： 梅家坞公交站附近有停车场

路线概览

十里琅珰最美山脊专线（全程约2小时）：十里琅珰牌坊—文碧峰—三分叉—梵音亭—龙井村

海拔抬升：约200米

天气选择

晴雨皆可，一路山路没有陡坡

穿衣指南

鞋：登山鞋、徒步鞋为主

衣服：抗风保暖为主

遮阳帽：需要

适合人群

亲子★★★★★
小朋友也可以爬完全程，下山时可顺便去老龙井"打卡"参观十八棵御茶树

长辈★★★★★
慢慢爬，也可以爬到山顶看风景

好友/情侣★★★★★
一路风景绝美，和爱的人一起欣赏美景吧

看到石头上坐着一位喝茶的女士。我好奇地凑上去看她喝茶的工具，一壶水，一只小小的银壶，外加一只小小的银杯。简简单单，却又不那么简单。我是好动的人，让我出门去爬山可以，但是让我在山上找个地方喝茶聊天，闲坐一整天，我似乎还没到那个境界。喝茶的妇人很和蔼，看到我的孩子对着她好奇地张望，主动要过孩子的水杯，给孩子泡茶喝，还把随身带着的葡萄干分给孩子吃。小小的孩子，吃完一把还想再要一把，我这个当母亲的只能嘻嘻哈哈地把孩子赶着继续往上走。

再往上经过著名的"三分叉"，选对方向走，便离最美的山脊线又近了一步。最近几年户外风刮得猛烈，经常有户外团来琅珰岭徒步，所以在三分叉处挂着各个组织的彩色飘带，帮助徒步的人找对方向。

走不了几步，杭州城最开阔的山景就陡然出现在眼前。还没来得及从之前爬山的喘息中恢复，嘴里已经不自觉地发出连声赞叹。眼前是毫无遮挡的山谷，向阳的山坡上整齐地划出一片片茶田，非常养眼。间隙有山径的地方，随意种着落叶乔木，在秋季成了点睛之笔。任何人只要看过一眼这样的景色，便会每年到了这个季节，早早地在心里惦记着要再爬上去看一眼。山岭的右侧有一些缓坡，坡上偶尔有几块平地，懂得看风景的人，早早地来这里搭上小桌子、摆上小椅子，带上水壶、茶壶、水杯三件套，便可以坐上一整天。

俯瞰茶园

神奇女侠

你要是问我,这样的风景看到几岁会腻,那我再讲一个故事给你听。那一次和朋友们约着去爬十里琅珰,爬到岭上的时候,我们挨个站在一块凸起的石头上拍照。那块石头旁边有一棵银杏树,深秋时节,叶子已经都落光了,只剩下点缀在树梢的一簇簇白色小果,搭配着深秋的蓝天,拍照特别好看。这时,几位看上去有些年纪的阿姨路过,走在中间的一位阿姨穿着红色外套,手里拄着登山杖,看到我们拍照就停了下来,看了一会之后也想要站过来拍。旁边两位姐妹连忙拦着,嘴里嚷嚷着不让她去爬石头拍照。可是这位红衣姐姐很执着。她拄着登山杖走过去的步伐,看得出来有些年纪了。我们几个让出位置,想给她搭把手让她站上去,她笑着摆了摆手说不用,然后自己拄着登山杖,一步一步爬了上去。旁边两位老姐妹眼里都是不放心,嘴里说:"她属狗的,今年70多岁啦,腿不好啦,年轻的时候是杭州登山队

茶园

的，那个时候爬山不要爬太快噢。"这边正说着，"红衣女侠"已经站上了石头顶，我连忙接过她递过来的手机，下蹲到最佳拍摄角度，咔嚓咔嚓一顿狂按。"红衣女侠"越拍越进入状态，最后举起登山杖挥向天空。于是我的脑海里，至今依旧留着那个震撼人心的场景：如蓝宝石般深邃的天空下，一棵枝丫苍劲的银杏树旁，一身红衣的灰发"女侠"，单手挥舞着登山杖，犹如一道刺破天空的闪电。如果此处有配音的话，我觉得应该是：我要向天再借五百年！

爬山爬到爬不动的那一天，看风景看到看不到的那一天。没想到大自然给我的答案，和"衰老"两个字竟然一点关系都没有。面对年龄焦虑最好的方式，是忘掉它。

老龙井除了十八棵御茶树，
还有其他好东西！

沿着十里琅珰的山路下山，在茶园中穿行一番，就可以一直走到老龙井。进老龙井需要买 10 元门票，连杭州公园年卡也不能通用。今天山仔来告诉你，这 10 元门票值不值。

老龙井最显眼也是最广为人知的宝贝，就是最外面用石墙围起来的十八棵御茶树。清朝乾隆皇帝六下江南四次到访龙井，对龙井和龙井茶的喜爱不用多说。这十八棵茶树就在狮峰山麓，被御笔亲封也算是实至名归。除此之外还有其他好东西吗？答案是：有！而且还不止一件。

在十八棵御茶树后方，有一处宋广福院的门头，墙体斑驳。老龙井寺在北宋时被称为"寿圣院"，南宋绍兴年间（1131—1162）改名"广福院"。元末寺院毁于兵火。明万历年间（1573—1620），根据宋代形制重建寺院，后又被毁。如今我们看到的门头是清朝重建寺院时修的，也是留存至今唯一的一面老墙。

穿过广福院的门头一路向上走，抬头看见的茶树产出的茶叶，都是龙井茶里最上品的。龙井茶有 5 个主要产区，其中排名第一的狮峰龙井的种植基地就在此处。这一片山林的气息确实特别，细细观察，会发现这里的山体陡峭，山势高耸，茶树依山体而栽，每一块都是小小的一片。高山出好茶，所以这里的茶叶量又少又金贵。在狮峰之上还有一个狮峰湖，是九溪十八涧的源头之一，故称此湖为"九溪源"。

发现并开发狮峰这一处遗世独立的清静之地的人是谁呢？就是从上天竺退休隐居于此的辩才法师。沿着石阶再向上走一段，有一尊辩才和苏轼喝茶聊天的坐像，两人间的深厚友谊流芳百世。石阶一拐，再往上就是辩才亭。龙井茶被冠为中国十大名茶之首，都得感谢辩才法师。他当年"退休"后，将茶树从上天竺移栽到狮峰。这里得天独厚的山势、土壤以及山间清冽的龙井泉，让龙井茶出现在文人墨客的诗词歌赋之中，并广为传播。

逛完这一圈，山仔觉得 10 元的门票还是相当值得的！你觉得呢？

12月

九曜山的冬日小确幸

印象中的12月，北风呼呼一吹，
哪里还有兴致出门爬山？可就是有这样一处风景，
是值得在12月出门去看的，且去早了还看不到，
只有耐心等到彻底冷下来了才能一睹其芳容。
但看美景之前，得先爬山

> 世间美景多在险峻处，
> 而杭州的山胜在山势舒缓，
> 登山者并不需要付出太多的体力，
> 也不要做太多的登山准备，
> 便可在稀松平常的日子里
> 攀爬并收获美景

十二月还能去爬什么山？对户外达人来说这当然不是一个问题，走出门不需要思想斗争。但是对于我这样的业余爱好者来说，以前印象中的十二月，除非是下雪了，银装素裹的西子湖那是别有一番秀美，其余时候北风呼呼一吹，哪里还有兴致出门，更别提爬山了。冬天华东地区的湿冷，那可是能把北方人都冻哭的。

可就是有这样一处风景，是值得在十二月出门去看的，且去早了还看不到，只有耐心等到彻底冷下来了才能一睹其芳容。但看美景之前，得先爬山。

九曜山石窟

九曜山石窟

十二月登九曜山看风景的机会，需要等

第一是等真正冷下来。南方的降温是回旋式的，忽然一阵北方冷空气来了，气温骤降10度，然后等这阵风过去，两三天后又回温一点。每一次降温，落叶乔木都会接收到信号，叶片颜色也逐渐开始变化，由绿转黄，由黄转红。这样的降温前后进行过两三轮了，最低气温降到个位数了，基本就算是真正冷下来了。我在十一月去过一次，结果是去早了，当时刚降温了一轮，大自然的调色板还没有调出最佳的色彩来。

第二是等身体状态合适。十二月是各种呼吸道疾病的高发季节，家里要是再有几个娃，那日子过得如同开盲盒一般，今天不知道明天会不会去医院报到。最好别在身体不舒服的时候去登山，避免冷空气刺激呼吸道。身体恢复需要时间，树叶变黄也需要时间，无须太过担心会错过美景。山就在那里，不增不减，今年若是去不成了，那就明年再去。

第三就是等一个好天气。十二月的杭州，好天气如同老天赏饭吃一般，可遇不可求。一旦在天气预报中捕捉到一周的某一天，夹在前后降温、下雨、阴天中的某一天，突然是个艳阳高照气温回暖的大好晴天，那一定值得敲锣打鼓击掌相庆一番。

5号休息点：九曜阁 ⑥

九曜山石窟

4号休息点 ⑤

2号休息点 ③

3号休息点 ④

1号休息点：听涛居 ②

赤山埠公交站

起点

太子湾公园西门

三台山路

武状元坊公交

虎跑路

2号休息点 ⑧

拾翠亭 ⑨

太子湾公园 ⑩ 终点

杨公堤

南山路

交通信息

公交：搭乘公交 194 路、318 路到达赤山埠公交站，下车后向北步行 5 分钟即可抵达太子湾公园西门

自驾：太子湾公园西门有停车位，也可停在赤山埠停车场，步行约 2 分钟至太子湾公园西门

路线概览

九曜山冬日赏景专线（全程约 1.5 小时）：太子湾公园西门—听涛居—九曜阁—拾翠亭—太子湾公园

海拔抬升：约 200 米

天气选择

尽量选择晴天，可以眺望远处风景

穿衣指南

鞋：登山鞋、徒步鞋为主

衣服：保暖为主

遮阳帽：需要

适合人群

亲子★★★★★
亲子爬山路线提高版，下山后可去太子湾公园游玩

长辈★★★★★
缓步慢走，山顶风景值得一去

好友/情侣★★★★
爬到山顶看风景喝茶畅聊人生

提前安排好手头的事情，把这一天空出来，去爬山喝茶晒太阳，这才是对老天爷最起码的尊重。

这三重等待都经历了一遍之后，苍天不负有心人，终于等到了十二月的这一天。

美好的风景，独乐乐不如众乐乐。带上孩子或者约上三五好友一起，带上满满的期待，出发！

风景在路上

单说九曜山可能知道的人不多，但是提起太子湾公园，一般人就都知道了。我也是从小只会到了季节去太子湾公园看樱花赏郁金香，却从没爬过它的靠山——九曜山。开车的话可以把车停在公园西门的停车场，西门正对着三台山路，三台山路上有个武状元坊公交站，这边先按下不表，稍后再提。从停车场出来，沿着步道往东走，不过几步路就看到九曜山的指示牌。右转经过茶楼，就正式开始登山了。这个路线爬九曜山，是不需要穿过太子湾公园的。

九曜山在玉皇山西侧，海拔 201 米。沿线都修了石阶，非常适合亲子活动。九曜山的登山指示牌也标识得十分清楚，山路一共被分成了 4 段 5 个点，山脚下是 1 号，山顶是 5 号，中间有 2、3、4 三个休息点，可以简单停留、补充体力。

从公园西侧上山，山路整体的形态是弯弯绕绕，百转千回。埋头走上一段路，

带"瀛"字的石阶

以为可以到开阔地了,可是山路一转,前面又有一排石阶出现在眼前。往往要这样走上五六回,真正的休息点才会出现。在没有登顶前,山上的树木繁盛,把风景都遮挡住了。人很累的时候又没有美景欣赏,特别是小朋友的积极性自然会有所减弱。所以登九曜山的节奏,可以试着用这几种办法来调节。

一是,开头不要走太猛,调整呼吸和步伐,保持匀速前进。九曜山游步道沿途没有大的观景平台,也没有休息的亭子,基本每个休息点就是一小块平地上修两条石凳,所以保持匀速前进很重要。一开始用力过猛的话,可能在第2第3个点就会想掉转枪头了。

二是,收集沿途风景,在路上也有各种发现。形态各异、颜色缤纷的落叶是大自然对这个季节的登山者最好的馈赠。带上网上淘来的落叶收集塑封膜,一边走一边做落叶书签,每走几步都会有新的发现。与其望山跑死马,不如让自己沉浸在爬山的过程中,12月特有的美好可千万别因为急着要登顶而错过了。

三棵拦路树和一块带字的石阶

修九曜山石阶的过程中,有几棵特别有个性的树,绕也绕不过去,拔掉又可惜,所以只好让它们待在路中间。我第一次去的时候就发现路中间有树,这在其他山中

九曜山顶，远眺西湖

不怎么常见，觉得有趣，于是第二次带孩子去的时候就特地指给孩子看。

孩子见了路中间的树，特别兴奋，觉得怎么会有这么好玩的事，于是想着各种法子保护我，让我绕过去，认真的模样叫人忍俊不禁。等我爬到山顶，孩子认真地告诉我，一路上有三棵拦路树。孩子就是孩子啊，对大人不以为意的事情都留了心。

还有一块带字的石阶也可以找一找，石阶左侧有一个"瀛"字。妙就妙在这个字上。每次看见，我都会在心中不自觉地开始默念李白的《梦游天姥吟留别》。当年读高中的时候背课文有多酸爽，现在再念出来的时候内心就有多欢畅。"海客谈瀛洲，烟涛微茫信难求；越人语天姥，云霞明灭或可睹。天姥连天向天横，势拔五岳掩赤城……"一路爬山一路跟着李白梦游天姥山，顿时豪迈之气回荡于胸襟，足下生风自然不在话下了。

绝佳机位

这一路玩着，终点的九曜阁也就在转角处了。几个箭步冲到栏杆前，调整双眼的焦距，尽量望向远处，整个西湖、整座城都跃然眼前。随后便会由不得你意识的控制，自然地跟出一句赞叹"哇——"。这一声感叹，从胸腔溢出，一瞬间治愈了登山过程中所有的疲惫。

正对着观景台的风景是三台山路和杨

武状元坊公交站

公堤合围起来的浴鹄湾，郁郁葱葱的树木掩映着乌龟潭，一条玉带般的长桥横亘在潭水之上，黛色砖瓦的顶配上白色的桥身和桥柱，在冬日里显得格外苍劲。再远处是茅家埠、花圃和植物园，更远处是老和山高低起伏的山峦，在天边勾勒出一条完美的天际线。他日里看到如此心旷神怡的景色已是心满意足，可是十二月里，原本翠色的树团像是被施了魔法一般，一层一层染上了火红的颜色，阳光下像是着火了。人的味蕾在吃烤焦的食物的时候会滋生出幸福感，味觉的幸福感同样也会迁移到视觉，所以欣赏这个季节的美景如同看着烤盘上一块滋滋作响的牛肉，越看越觉得幸福。这个时候最适合欣赏美景的姿势，是找个雅座坐下来，点上一碗不甜不腻的杭州特产桂花藕粉，补充体力的同时，让眼睛自由飞翔一会儿。

因为山顶的美景实在难得，有很多摄影爱好者会背着器材，早早地来山顶卡位，架好支架，放好相机，然后一坐就是一下午。云卷云舒之间，阳光正好的时候，他们就咔嚓咔嚓来上几张，然后再转过头去喝茶聊天。这等悠闲的姿态，让我羡慕不已。

孩子们在山顶待不久，他们稍微坐会儿，回过神了，好动的基因便开始发作，想要向着下一个目的地进发了。于是稍作休息之后，我们便下山了。下山的路有两条：一条是沿着原路返回；另外一条是一

武状元坊石碑

路向东,一直下到太子湾公园里面的拾翠亭。如果想要去公园里面再游览一番的话,沿着这条路走是最合适的。而且这条山路不似西边上山的路那样弯折,一路下山都是往东走,快到了才一个大转弯拐到拾翠亭。十二月的太子湾,落叶满地,若是切合时下流行的古装摄影风潮,带个斗笠扮个武侠造型,一舞剑激起黄叶纷飞,那可真的是分分钟都出大片啊。

山与水,盐与糖

最后要回过头来提一下武状元坊公交站。这个车站是通往浴鹄湾的"秘密站点",就好比是《哈利·波特》里的九又四分之三站台,一旦穿过这里进入浴鹄湾,仿佛进入了另外一个平行世界。一瞬间没有了外面车水马龙的喧嚣,像是连空气也凝固住了。碎石铺成的蜿蜒小路一点一点把游人带入秘境之中。这里本就是宋元文人寄情山水放浪形骸之地,里面的景致我就留给各位山友们自己去探索啦。

世间美景多在险峻处,而杭州的山胜在山势舒缓,登山者并不需要付出太多的体力,也不要做太多的登山准备,便可在稀松平常的日子里攀爬并收获美景,这是身在杭州的一大幸事。前后几次登九曜山的经历,也让我领悟到收获幸福的方法之一,是不急不躁,安顿好尘世间的种种,然后安静等待时光馈赠的礼物。

你知道吗，
九曜山上也有石窟！

　　九曜山这座"冷门"山里，隐藏了一个有"热门"潜质的景点，喜欢金石文化的山友们可千万别错过了。

　　九曜山的半山腰，从石板路转到落叶铺就的野路，穿过一片齐人高的树丛，便看到道路两侧多了些嶙峋怪石。再往前走一走，经过两侧石头留下的一道狭窄的过道，便进入了九曜山石窟群。这片石窟群原属于五代吴越国王钱弘俶建造的香严寺的一部分。寺庙早已不存，但是石像历经千年，仍然存在。

　　等等！先别急着穿过山石夹缝中的过道，先站在过道前向左上方望去，那里有一组三尊石刻造像，是为西方三圣。这组造像最为奇特的地方就是三尊佛像的莲花座下各为一朵祥云，三朵祥云发端于一处。今时今日，细细端详云朵的造型，依然非常生动，让人心生庄严之感。三尊佛像分别是阿弥陀佛、观音菩萨和大势至菩萨。从面容来看是非常典型的吴越地区的造像风格，与北方浓眉大眼的形态不同，这几位可以说是端庄秀气的代表。

　　穿过过道，在左手边有一大片造像。最引人注目的是正对面的一铺七身弥勒造像，一佛二弟子二菩萨二天王的形制非常完整。在造像的对面有一块石壁，上面原先应该是刻有经文，但是如今已经无法辨认了。在弥勒组像旁，有一尊独立的观音石像。虽然面部细节已经有些模糊了，但是远远看去，依然可见眉眼和唇间的笑意。

　　看完佛像，山仔还想再多爬一步，从经文石壁后的石块蹬上去，去找一找香严寺和永庆寺山界的石刻。这座香严寺和寺庙的住持永明延寿大师，对杭州的影响是至深至远的。吴越国第五位国王钱弘俶"纳土归宋"的决定，让江南百姓免受战争之苦，福泽绵延至今。吴山上的《有美堂记》和钱王祠里的《表忠观碑》都有提到，宝石山上的保俶塔是百姓为保佑钱弘俶平安归来而建。相传，促使一方君王做出如此大义的决定的，正是香严寺这位永明延寿大师。他临终前留下遗嘱："上表入宋，尽献十三州之地。"

　　了解了这些故事，再回头看一看眼前的佛像，山仔的内心又多生出一分敬仰。

1月

去天竺
temple walk
才是正经事

大约四五年前
随着新型社交媒体的兴起,打卡之风也吹到了佛寺。
成群结队的香客少了,目之所及,
进香拜佛的人群越来越年轻化了

> 二十年间,
> 陪伴我走这一段天竺路的
> 同伴也从同学少年,
> 变为身边家人,
> 岁月在这不知不觉间溜走了

从灵隐到琅珰岭一带的山峰,杭州人统称为"天竺山"。在峰峦重叠的群山环抱之中,隐藏着下天竺、中天竺和上天竺三座古寺。杭州人又把这三座古寺统称为"三天竺"。三天竺可以说是杭州城里我最熟悉的风景了,每年的农历新年,我都避开灵隐寺汹涌的人潮,从天竺山的山门进去,一路爬山上去,直到上天竺法喜寺。去三天竺的路,我前后走了二十年。随着时间的流淌,自己的心境在变化,身边的人在变化,一路观察到去礼佛的人群在变化,寺庙和香客互动的方式在变化。要说唯一不变的,可能就是沿途的风景和法喜寺里那棵五百年的白玉兰了。

灵隐寺旁的街道

法云古村

天竺缘起

天竺山主峰海拔412米，是西湖三面云山中唯一超过400米的山峰。西湖群山以天竺山为主峰，环湖分为南北两支，两支山脉中最高的就是大家耳熟能详的南高峰和北高峰。对佛教略知一二的朋友大体可以猜到天竺的名字本身就和佛教有着千丝万缕的关系，"天竺"是印度的古称。距今约1700年前，印度高僧慧理来到杭州弘法，看到这里山峰奇秀，于是在天竺山的北面飞来峰下建造了西湖第一座佛寺灵隐寺，意为"仙灵所隐"。后人又在离灵隐不远的山谷间先后建起了三处天竺寺，佛教寺庙在这一带蔚为大观，天竺山的名称也由此确立。

五代十国时期以杭州为中心的吴越国被称为"东南佛国"，北宋时期杭州著名"市长"苏轼在离开杭州后的第二年写的一首《怀西湖寄晁美叔同年》里回忆起在杭州生活的点滴，其中提到"三百六十寺，幽寻遂穷年"，可以从中一窥当年杭城寺庙烟火繁盛的景象。

小时候，天竺山一带我很少踏足，只

线路图

- ① "三竺空濛"牌楼 **起点**
- ② 下天竺法镜寺
- ③ 中天竺法净寺
- ④ 上天竺法喜寺 **终点**

其他地点：永福寺、灵隐寺、法云弄、飞来峰、杭州佛学院

道路：灵竺路、中法路、梅灵北路

交通信息

公交：搭乘7路到达灵隐公交站，下车后步行10分钟左右即可到达"三竺空濛"牌坊

自驾：灵竺路以南近天竺路有停车场，中天竺及上天竺附近均有停车场

路线概览

🏷️ **天竺漫步专线（全程约 40 分钟）：**
"三竺空濛"牌楼—下天竺法镜寺—中天竺法净寺—上天竺法喜寺

🏷️ 如果还想游览灵隐寺景区，灵竺路走到头右转，进入灵隐景区先经过飞来峰，然后到达灵隐寺。继续向西走，还可以游览永福寺。从永福寺出来后经过杭州佛学院，沿着中法路亦可以到达中天竺附近

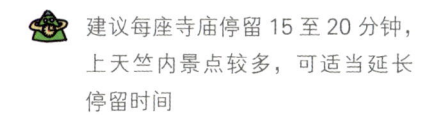

🏷️ 建议每座寺庙停留 15 至 20 分钟，上天竺内景点较多，可适当延长停留时间

🏷️ **海拔抬升**：小于 100 米

天气选择

🏷️ 晴雨皆可，一路山路皆为平路，雨天的寺庙也别有一番趣味

穿衣指南

🏷️ **鞋**：一般适合走路的鞋子皆可

🏷️ **衣服**：冬季去，保暖为佳

🏷️ **遮阳帽**：需要

适合人群

🏷️ **亲子**★★★★★
寺庙历史典故多，适合带着孩子边学边看

🏷️ **长辈**★★★★★
路平好走，休闲游

🏷️ **好友 / 情侣**★★★★
三生石处"打卡"纪念友情

去过一次灵隐寺，对佛教和寺庙几乎是无感的。家里唯一信佛的人是我奶奶。奶奶腿脚还方便能走远路的时候，会在天气晴朗的日子约上几个老姐妹去灵隐烧香；平日里就在家里阳台上放个香炉，每逢初一、十五点上一炷香，并且当天会吃全素。奶奶也会在碰上家里大小事的时候，嘴里念叨一句"阿弥陀佛"，除此之外，我的记忆里并没有其他"大费周章"的佛事活动。我唯一一次陪奶奶去寺庙，是她已经上了年纪腿脚不方便了，另一位老姐妹也是差不多情况，但是俩人还是想去离市区近的净慈寺走一走。公交车到了净慈寺，我搀着她们俩下车，然后一路紧走慢走进了寺院大门。两位老太太进了寺庙仿佛换了一个人，腰也直了腿也不疼了，一路冲在我前面。全程我都跟在两位小脚老太太后面，寸步不离，生怕她们摔了。拜完佛从净慈寺出来，奶奶和老姐妹都是一副心满意足的样子，脸上挂满了笑容。

因为这些经历，寺庙在我的童年印象中一直是老太太们去的地方。她们往往身上斜挎着一个褐色的布袋，里面鼓鼓囊囊地装满了供品和香，年轻人怎么会和这些"烧香老太婆"一样专门去寺庙呢？我和天竺山的缘分，开始得很意外。

去外地读大学后的第一个春节，我回到家想约几个高中同学聚聚，大家商议着去哪里玩，在各大景区里挑来选去，觉得去灵隐飞来峰玩门票太贵了，旁边的三天竺门票便宜，去的人又少，逛完寺庙之后

还可以穿过隧道去梅家坞吃个农家菜,听上去就是条很不错的路线。于是乎,我和朋友们一起,第一次踏上了三天竺之旅。

7路公交车的终点站下来的那条路叫灵竺路,那条路上永远是来来往往的人流和车流。每一个来到这里的人,仿佛都有一肚子的秘密要跟佛祖分享,脸上总是挂满了期待的神情,脚步又多是匆匆忙忙的,好似希望能快一点踏进寺庙,见到佛祖,说出自己的秘密,求得佛祖的保佑。灵竺路走到头,道路分成了两段,左手边是三天竺,右手边是灵隐景区。这里也是三天竺接驳车的始发点,腿脚不方便的游客可以在此乘坐电瓶车上山。我们第一次去时都是20岁不到的年纪,一无所有的少年,只有用不完的力气和时间。一行六七个人,穿过写有"三竺空濛"牌匾的山门,沿着天竺路一路说说笑笑地上山了。

三天竺中,由于上天竺地处最高,故名"上",中天竺居中,下天竺在地势最低处;从建造年份来说,却又是反过来,下天竺建寺最早,始建于东晋,中天竺始建于隋朝,而上天竺始建于五代。清朝乾隆帝六下江南,多次到灵隐天竺一带的寺庙,将三天竺依次赐名法喜寺、法净寺和法镜寺。从下天竺到上天竺,一路数十里层峦叠嶂,群山环绕。山路在参天大树之下一直向南延伸,道路两旁点缀着白墙黛瓦的农居,与城市里的气息浑然不同,瞬间从尘世到了佛境;唯有闻到空气中若有若无的檀香味,听见耳畔空灵的鸟鸣声,树叶被风吹动的沙沙声,溪水流动的潺潺声,还有远处传来的寺庙钟声,余音袅袅。

下天竺法镜寺和三生石传说

这三座寺庙的建造缘起、历史兴衰,要细究起来真的三天三夜也说不完。下天

1. 三生石
2-5. 下天竺内景

1月 去天竺 temple walk 才是正经事

竺法镜寺是印度高僧慧理在东晋咸和元年于天竺山北麓创建灵隐寺之后的第二年，在天竺山南麓所创建，初称"翻经院"，属于灵隐寺的一部分；到了隋朝由贞观法师和道安禅师扩建，改称"南天竺"，第一次有了正经名字。贞观法师长期刻苦研读佛法，并赴天台山求法，是天台宗在杭传播第一人。南宋嘉定年间（1208—1224）品第江南禅教"五山十刹"时，天竺寺被定为"教院五山"第二，成为钱塘天台宗的名寺，盛况空前。

下天竺还和一位杭州"市长"缘分不浅。唐长庆二年（822），白居易出任杭州刺史，在任不到三年间，他曾十二次游历天竺寺和灵隐寺，足见他对此地的喜爱，有诗为证："在郡六百日，入山十二回。"他喜欢夏天去天竺寺的七叶堂里避暑，但最爱的还是秋天去寺里赏桂。他晚年在洛阳回忆杭州时，写道："山寺月中寻桂子，郡亭枕上看潮头。"句中的"山寺"就是下天竺。

从下天竺后门出来，还有一处景点不得不提，那便是位于寺庙西面山坡上的"三生石"景观。石体高大，由三块天然石灰岩组成，主体上从右往左依次刻着"三生石"三个篆体字，石头旁边还有"唐圆泽和尚三生石迹"碑文一块，详细记述了石头的由来。三生是佛教用语，指人的前生、今生和来生。初看名字，大多会以为这块三生石有与爱情有关的故事，实则不然。杭州天竺山里的这块三生石见证的是跨越三生的友情。我也是近些年才听好朋友说起这块石头的由来，在那一年的正月里和好朋友一起去寻觅了这块象征友谊的石头，还一起在石头前拍照留念。

三生石传说最早记录在北宋初年的《太平广记》卷三百八十七《悟前生一·圆观》，叙述的是唐代天宝十四年（755）洛阳名士李源和惠林寺高僧圆泽重友情、讲信义、三生践约的美好传说。北宋元祐四年（1089），苏东坡与杭州阔别16年之后，再度来杭以龙图阁学士身份出任浙西路兵马钤辖兼任杭州知州，游天竺时想起李源和圆泽的故事，写下《僧圆泽传》，是为苏东坡作的十篇传记中的一篇，由此可见他对两人友谊的赞赏之情。苏学士亲自下场写传记，也使得两人的故事再次在当时广为人知、大放异彩。

1月 去天竺 temple walk 才是正经事

下天竺法镜寺

走，爬山去

中天竺法净寺和摩利支天菩萨

沿着山径往上走十几分钟,道路出现了分叉,往右手边走是中法路,连接着灵隐寺前的法云弄;往前就是继续沿着天竺路,去往中天竺法净寺。如果说下天竺的关键词是文脉,那么中天竺的关键词就是长寿了。开山祖师印度高僧宝掌禅师传说中有一千年的岁寿,于公元前400年左右就已出生。他在魏晋时期来到中国弘扬佛法时,已有600多岁了。宝掌禅师在中国先后游历过峨眉山、五台山、衡山、庐山,之后还在建业(今南京)受到过南朝笃信佛教的梁武帝的接见礼遇。之后他来到杭州,对中天竺一带景色尤为赞叹,于是在此入定坐禅,于隋开皇十七年(597)建立道场即中天竺,弘扬佛法。最终宝掌禅师于唐太宗显庆二年(657)元旦坐化西归,世人由此称他为千岁和尚。中天竺寺后有一块岩石,相传是宝掌禅师团坐修禅讲法之处,后世称该石为"千岁岩"。因为开山祖师的神奇传说,在五代十国时期,吴越国王钱弘俶出资将中天竺改建为崇寿天圣寺。游人香客纷至沓来,中天竺香火日渐繁盛,成为当时的名胜。寺庙一再扩建,甚至在这小小一方寺院中就出现了"中竺

---

1. 七星潭月
2. 法净寺天王殿
3. 摩利支天菩萨
4. 法净寺外素面馆
5. 山门

十二景"，十二景之首的"七星潭月"保留至今，位置就在寺外九曲桥旁。北宋政和四年（1114），北宋王室风雨飘摇，宋徽宗为祈求王朝永续，将崇寿天圣寺改名为天宁万寿永祚禅寺。

如今跨过中天竺黄色山门，迎面就是天王殿。这里不得不提这座寺庙相较于其他内地寺庙的不同之处。中天竺天王殿的正面供奉的不是袒胸露乳的布袋大肚弥勒佛坐像，而是天冠弥勒菩萨立像。这尊立像头戴五方佛宝冠、面如满月，整个造型优美、神态安然，非常罕见。而天王殿的背面，供奉的也不是韦陀菩萨像，而是少见的摩利支天菩萨像。

从中天竺出来，我想插播一家素面馆，给各位逛累了的山友们做一个补给指引。天竺一带，沿途居民们最早做的生意就是两种，一种是香烛，一种是素面。所以这里的素面馆都有些年头，随便找一家可能少说都开了十几二十年。在中天竺法净寺出来正面对着的几家商店中，有一家以门牌号码命名的素面馆值得一试。推开门，不大的店面，干净整洁，过道两边各摆着四张长桌。左边墙上挂着灵隐寺住持今年新写的新年祝福，右边墙上是价目表，各种面条的价格在20元上下，还算公道。坐下来，老板娘先端上一壶茶水，再附上一碟泡菜。我在这家店的最爱是干拌川，炒得油气满满的青椒、豆芽、豆干、菌菇、茭白丝，铺在酱油炒过的面上，最后再撒上一把白芝麻，瞬间食欲就上来了。大快朵颐之间，半碗面条已经下肚。再吃上几口酸辣的泡菜，清一清口腔，剩下的半碗也是分分钟见光了。这种藏在杭城角角落落里的面馆，没有巨大的招牌、花样繁多的营销手段，只有食客们的口口相传。

上天竺法喜寺和莫向外求

从中天竺沿着内道的山路走上约莫一千米，就到了上天竺。上天竺背靠天竺山白云峰，始建于后晋天福四年（939）。上天竺的寺门相对于其他两寺来说要宽敞一些。进入后，有一条斜着向上的石板路，引着游人穿过康熙御笔的"入三摩地"牌匾的门廊，正式进入上天竺寺。这块牌匾的背面，是弘一法师书写的"莫向外求"四个字，这就很有意思了。一般人都是从寺庙里拜完菩萨出来时才会看到这块牌子，刚和菩萨发了愿，心满意足之际，看到这四个字，恐怕都要心里怔么一下：菩萨这是什么意思？我求了半天，他却让我别求他？

怎么理解这四个字，其实也可以做很多层面的尝试。可以是莫向外"道"求，也可以是"行有不得，反求诸己"，还可以是"求之有道，得之有命"。

牌匾是二十年前就看见了，但是要真正悟出这里面的意思，却只有自己才知道花了多少年的时光。

1月　去天竺 temple walk 才是正经事

"莫向外求"牌匾

时代变迁中的寺院

当年初到法喜寺的时候,即使是新年期间,游客也不多,这里除了是杭州本地人拜谒的观音道场,最常见的礼佛人群是我前文提到的成群结队的"烧香老太婆"们。她们是有组织的,呼啦一下进了寺庙,眼光虔诚,双掌合十,口中念念有词,结队一个一个殿拜完之后,又呼啦一下出了寺庙。

但是近些年去法喜寺,感受最深的便是成群结队的香客少了,目之所及,进香拜佛的人群越来越年轻化了。大约四五年前,随着新型社交媒体的兴起,打卡之风也吹到了佛寺。在上天竺第三进大雄宝殿和近年来新修的第四进毗卢遮那殿之间的平台处,站在高处向远望去,檐角层叠错落,远处还有一尊金闪闪的佛塔露出塔尖,再加上寺庙里到处悬挂的红色灯笼串,此情此景在原本肃杀的冬天的确能带来一丝祥和之气,值得拍照留念。但是一旦在社交媒体形成了"网红打卡机位"一说之后,每次过年再去法喜寺,这个风景绝佳的位置,排队打卡的队伍都是一眼望不到头了。

年轻人来寺庙大多是跟风好玩,除了打卡的这阵风以外,另一阵更大的风便是各色手串和御守了。早些年去寺庙,也有法物流通处,但是里面售卖的手串多是清一色的檀香木手串,款式单一,价格也不太友好。差不多也是四五年前,在上天竺出口不远处开了第一家售卖各色祈福御守和手串的商店,第一次在国内寺庙看到如此"接地气"的商品,顿觉打开了新世界。又过了一两年,北高峰率先推出"十八籽"手串,当时刚一出来,有朋友一大清早去爬山排队等售卖。不多久这类手串便在灵隐、天竺一带流行起来,成了各家寺庙的"网红商品",再借助网络传播和网络售卖平台,身边的朋友几乎人手一串。再到近年去上天竺,我发现寺庙的法物流通处也开始售卖各种年轻化的商品,新年的时候,门口排队的人群有十米开外。

年轻化的浪潮席卷之下,改变的不只是寺庙和香客的互动方式,还延伸到了天竺路一带的商业版图。最早这条山路沿途都是一些当地农家自己开的商店,售卖供香、布包等,还有一些是吃食店,大多是素面馆和农家饭店。但是近年来,传统的

1-3. 上天竺法喜寺

1月 去天竺 temple walk 才是正经事

上天竺法喜寺

商店逐渐被售卖年轻人喜爱的小商品的店铺取代了，它们的装修布置更加明亮、更加年轻化，而传统的吃食店被一众咖啡馆、茶馆取代，户外放几个折叠桌椅，打造年轻人喜欢的露营风。去天竺一带逛一逛，结束了在咖啡店喝个咖啡、歇个脚，成了流行的休闲方式之一。

二十年间，变化的不仅是外在的环境和事物，我自己也发生了很多变化，从青葱少年到而立之年再到不惑之年，陪伴我走这一段天竺路的同伴也从一众同学少年，变化为身边家人，再到自己的孩子。看着孩子们从蹒跚学步到健步如飞，岁月就在这不知不觉间溜走了。值得庆幸的是，当初去天竺的初心是过年时找个晴好的天气出去走走热闹一下，如今这份初心倒是依旧。

越简单的事情越能穿越时间，此话不假。

1-4. 天竺路沿途咖啡馆与茶馆

五百年的白玉兰

依旧如此的还有法喜寺五观堂前的那一棵五百年树龄的白玉兰。它的位置在入口处的右手边,冬天里非常不起眼。通常刚进入寺庙时,大家都是奔着各处大殿而去,参观完了又从出口处离开,鲜有机会去好好观察这棵树。有一年我和朋友一起去法喜寺,结束了要穿过五观堂去斋堂吃中饭,这才看见这棵树。当时这棵树还没有似今天这般名声在外,我也不认得它有五百年的树龄,只是路过觉得院子里伫着这一棵树,冬天里无花无叶,但是仍可以看出树冠非常之大,大过树周围砌的石台。看着光秃秃的树枝上挂着红灯笼显得特别喜庆,我就随手拍了一张照片。

近一两年间,通过社交媒体的传播,我才知道去了20余年的寺庙里竟藏着这样一棵古树。阳春三月里,蓄积了一整个冬天的能量,这棵玉兰树好似在一瞬间绽出一朵又一朵洁白的玉兰花,翩然立于枝头。初时锥形的花朵看着并不起眼,随着花期

推移，最外侧的两片花瓣率先打开，承托在底部，好似扇动的翅膀，上面的五六片花瓣层层叠叠堆出一个盏形。到了盛花期，所有花瓣悉数绽开，摆出十二分优雅的姿态，多一分便媚俗，少一分便清淡，只有这刚刚好的优雅，让人看了心里能生出惊叹来——这花是天生带着骨相美的。春风拂过，满树的花又好似展翅欲飞的白鸽，扑扇着翅膀要从枝头飞起来冲向天空而去。若是从空中俯瞰，黄墙黛瓦的寺庙院落合围起一树浓厚得像是流淌的绢缎般的白色花朵，这景象看得让人恍惚，不似人间景色。一树的花，不带一丝杂色，洁白得晃人眼，仿佛是误闯入人间的仙子，趁着早春三月天，来瞥一眼世间的繁华，也好叫世人一睹她的芳容。

等我下次再去上天竺的时候，我定要站在树下仔细端详它，而五百岁的它大概会反过来笑我"有眼不识泰山"，来来往往 20 年间竟然不认得它。不过也有可能像我这等眼拙之人它在五百年间已经见多不觉怪了，所以大概半句都不会与我多分辩，只静静伫立在那里，在季节更替之间看尽人来人往，看尽热闹繁华，也看尽寂静清凉。春来开花，花落生叶，枝繁叶茂，秋来叶落，至隆冬时节只剩枯枝。如此轮回，生生不息。若是它能早生五百年，让与上天竺住持素来关系非同一般的东坡先生看见，又不知道文学史上会多出多少关于它的优美诗句来，好叫后世后代的人反复吟诵。

1-3. 上天竺
4. 五百年的白玉兰

4

白堤其实不是白居易修筑的

杭州人把从断桥到平湖秋月的这条长堤称为白堤。古时去孤山,如果从北山街走还得坐个船才能上岛(如今西泠桥的地方原是个渡口),白堤就成了游人到孤山赏景的唯一陆路,所以白堤又称为"孤山路"。学界认为这条堤形成在唐以前,有可能是西湖从峡湾变为潟湖时泥沙自然堆积形成的,也可能是隋朝修筑京杭大运河时期修筑的。

那么白市长修的堤坝在哪里呢?白市长出任杭州刺史时,遇到杭州大旱,农田无水灌溉,尤其是城东北到海盐上塘河沿岸一直依赖西湖水灌溉的农田受影响最大。于是他在上任第二年就主持修建了一条从钱塘门外向东北延伸到武林门的湖堤,是为白公堤。如今这条堤已经不存。白居易在离任杭州前,还专门写了一篇《钱塘湖石记》,把后任刺史需要知道的关于钱塘湖(西湖)的四件事一一写下来,如何具体操办蓄水灌溉的事宜,如何放水,放多少水溉多少田都写得明明白白,真的是为杭州老百姓的温饱操碎了心。如今在北山街和环城西路交叉口西南片,有一处圣塘景区,景区最北边的圣塘闸原址修有圣塘闸亭,亭子的一整面石壁上刻有白居易写的《钱塘湖石记》。就在亭子的不远处,还有一组"惜别白公"的铜像,再现了白市长离别杭州之日,杭城百姓夹道相送的场景。

那苏堤是苏轼修的吗?不要怀疑,苏堤确实是苏市长修的,修筑的目的是清除侵占西湖面积一半的葑田,浚通西湖,使得西湖的承载力大大提高,汛期湖水不会倒灌到城里,旱季又可以引足够的水灌溉农田。

山仔代表杭州市民再次感谢两位市长对杭州城市发展做出的贡献!

2月

你说吴山是座俗山?
我偏不信

都说吴山是座"俗山",
然而在我看来,越往深处探寻,越觉出它的雅致来。
其实从根本上说,
大俗与大雅,差别本就在一念之间

> 宝石山是风雅之士
> 最为喜欢的去处，
> 而吴山则是一座"俗山"，
> 山上三教九流
> 各有各的道场

农历大年初一至正月十八，是旧时杭城百姓"上山兜喜神方"的日子，这里的"山"说的就是吴山。我家虽然没有这样的传统，但是过年的时候大家也都想着往热闹的地方去，而吴山脚下的河坊街就是这样一个一等一热闹的地方。正月里选一个有阳光的日子爬一下山，再兜一圈河坊街，吃饱喝足，岂不快哉？

记忆里和家人一起爬吴山的经历，发生在高考那一年的寒假，掐指算来已经是二十年前的事了，但是回忆起来一些细节依然记得清清楚楚。从寒假的第一天开始，我就每天凌晨2点睡、早上8点起，剩下的18个小时白天复习晚上刷题，如此日复一日把自己关在房间里。父母自然是没见过我这般拼命的架势，怕我这小身板再撑几日就要垮了，于是正月里找了一天，说什么都要带我出门去透透气。杭州城里离市区最近的山，除了宝石山就是吴山了。

城隍阁内景

吴山脚下的老街区（冯静默／摄）

吴山是一座"俗山"

宝石山正面对着西湖，是风雅之士最喜欢的去处。而吴山则是一座"俗山"，老底子山上三教九流各有各的道场，寺庙宫观不计其数，过年的时候老百姓纷至沓来上山进香。有庙就有会，山下的清河坊一带自宋元开始直到今天，都是繁华热闹的商业区。今天去河坊街还能看到"胡庆余堂"四个漆黑的大字赫然书写在河坊街正中央地段的一面白墙上，这家创立于清同治十三年（1874）的国药老字号如今依然在营业。而河坊街各处的岔路小巷里，还能找到张小泉、孔凤春、王星记、方裕和、宓大昌等老字号店铺的旧址。除此之外，河坊街上还有西洋镜、吹糖人、糖画、剪纸、竹编等传统民俗活动。因为这些民俗活动，相较于西湖边其他的山，现如今过年的时候大家也更爱往热闹的吴山走。带着孩子去逛一逛，可以忙活上大半天。

杭州人习惯把吴山叫作"城隍山"，城隍山上有座城隍庙，另外还有座后来修

杭州吴山游览图

路线节点

- ① 粮道山路入口（起点1）
- ② 城隍阁
- ③ 鼓楼（起点2）
- ④ 元宝心
- ⑤ 伍公山山门（起点3）
- ⑥ 伍公庙
- ⑦ 中兴东岳庙
- ⑧ 有美堂遗址
- ⑨ 十二生肖石
- ⑩ 江湖汇观亭
- ⑪ 感花岩
- ⑫ 宝成寺（终点）

周边景点与地标

- 地铁吴山广场
- 杭州博物馆
- 高银街
- 华光路
- 河坊街
- 南宋御街
- 南宋德寿宫
- 大井巷
- 吴山大碗茶
- 公交站
- 十五奎巷
- 城隍阁茶室
- 城隍阁景区
- 四牌楼
- 城隍牌楼巷
- 大马弄小区
- 中山南路
- 中河南路
- 察院前巷
- 临安城遗址
- 太庙巷
- 三茅观遗址
- 万松岭隧道
- 白蛇飞渡
- 万松书院
- 下松岭路
- 回宣路

交通信息

公交：搭乘地铁7号线到吴山广场站，从D口出，步行约50米到达粮道山路与华光路口，沿城隍阁专线游览；搭乘8路、13路、39路至鼓楼公交站，下车后向南步行至十五奎巷，沿"御道"专线游览；从鼓楼公交站下车，穿过鼓楼，到达伍公山山门，沿伍公山专线游览

自驾：沿粮道山上山，导航至城隍阁停车场；亦可将车停在高银街后市街路口的地下停车场

路线概览

🥾 城隍阁专线（全程约 1 小时）：粮道山路—城隍阁（可车行）

🥾 "御道"专线（全程约 1 小时）：鼓楼—元宝心—城隍阁

🥾 伍公山专线（全程约 2 小时）：伍公山山门—伍公庙—中兴东岳庙—有美堂遗址—城隍阁

🥾 游览完城隍阁景区后可沿十二生肖石—江湖汇观亭—感花岩—宝成寺继续游览

⛰ 海拔抬升：约 100 米

天气选择

吴山城隍阁一带各种天气皆可，后山、紫阳山一带多台阶，尽量避开雨雪天

穿衣指南

👟 鞋：抓地力强的登山鞋最佳，徒步鞋、慢跑鞋亦可。不建议穿皮鞋、凉拖鞋、洞洞鞋等

👕 衣服：速干衣裤最佳

🧢 遮阳帽：需要

适合人群

⛰ 亲子★★★★★
历史典故众多，适合边走边看边学

⛰ 长辈★★★★★
路平好走，休闲游

⛰ 好友/情侣★★★★★
上吴山喝大碗茶，逛寺庙宫观

的城隍阁，是新年登高的好去处。通常去城隍阁都是沿着粮道山路上山，山路是上下两车道的汽车路。一路上去路过杭州博物馆，就来到"吴山大观"的巨大石壁前，石壁正对着的就是城隍山上的城隍阁景区。

"城隍山上看火烧"

老早以前，杭州的房屋以木结构为主，火灾易发，城隍山作为离城市最近的山之一，又是制高点，在山上的东岳庙旁设有消防瞭望塔，可以观察火情。不过我查阅了资料以后发现，"城隍山上看火烧"这句老话还有一层意思，说的是南宋时盛行的一种民间驱邪祈福的风俗——在除夕夜烧糁（shēn）盆（又称"烧松盆"），在盆中盛麻糁（芝麻榨油后的渣滓）作为燃料，每家每户都烧起来的场景非常壮观。这时去城隍山上看"火烧"，就是一场绝妙的视觉盛宴了。周密在《武林旧事》中描述："至（除夕）夜，蕡（zé）烛糁盆，红映霄汉。"

现如今爬城隍山，爬上去有个城隍阁景区可以逛逛看看。景区是 1998 年杭州市政府在吴山城隍庙遗址上启动修建，以城隍阁为主体建筑，同时修建了城隍庙、仪门、文昌阁等。从小就听父母喊吴山为城隍山，可这"城隍"二字到底是何意思？这山上的城隍庙又是始建于何时？

"城隍"二字连用，最早出自东汉班固

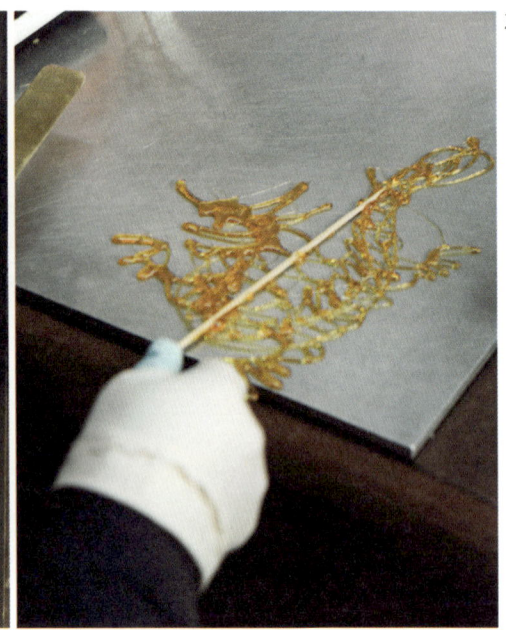

的《两都赋·序》，在于表达防守城池的概念，强调了城墙和护城河共同构成的防御体系。后来引申出"城隍神"，意思就是指守护城池的神。而"城隍庙"，就是祭祀"城隍神"的地方。

杭州的城隍庙始建于南宋，到了明永乐年间（1403—1424），时任浙江按察使的朝廷命官周新，明察秋毫、铁面无私，后受到锦衣卫指挥使纪纲的陷害，被永乐皇帝所杀。死后不久真相大白，永乐皇帝为平民愤，追封周新为"浙江都城隍"。

明清时期，吴山城隍庙每年都会在周新的诞辰日农历五月十七日，举办庙会祭祀活动，游行、演戏、烧香，活动繁多，异常隆重。好消息是，从2024年开始，这一传统活动又回来了。6月22日上午（农历五月十七日），杭州城隍阁景区举办首届"城隍巡游"民俗非遗活动，传承清正廉洁的为官精神，同时也为杭城百姓带来一场民俗文化盛宴。

城隍阁上看杭州中轴线

城隍庙是历来就有，城隍阁是后来才建成的，但也不要因为它的历史不够久远就错过了。城隍阁共有七层，整体造型犹

1-2. 河坊街街景
3. 元代影青釉里红高足杯
4. 战国水晶杯

如凤凰展翅，无论是从西湖远望，还是在阁楼下近观，都觉得与整座城市风格非常融合。尤其在晚上，阁楼上布置的灯带亮起，远远望去，凤凰浴火，美轮美奂。登临阁楼顶层，顿觉开阔，心中便会自然生起"风物长宜放眼量"这句话来。除了南面被群山遮挡之外，其余角度欣赏湖山与城市之美，都是极佳的视角。如果说站在宝石山蛤蟆峰顶可以远观城市与自然融合的天际线，那么站在城隍阁顶，这融合便是交织在眼前。西边是湖山佳话，正北边是延安路中轴线——从吴山广场一直延伸至武林广场。因为西湖边限高的原因，这一片都是低矮的民居，即使是商业楼宇也不高。往东望去，城市的景象就体现出层次感来。我当年去的时候，钱塘江边还是一片滩涂，还可以隐约看到钱塘江；近年再去，钱江新城的高楼鳞次栉比，江对岸的高楼更是数不胜数，钱塘江只能在楼宇的缝隙里窥见一二，看不真切了。在阁顶吹着徐徐清风，静静欣赏这座城市，心胸也在不知不觉间开阔起来。

那一日登顶活动结束，我就和爸妈打道回府。虽然只是出来短暂放风，但是那天的鲜活记忆至今仍刻在我的脑海里。近些年我爸整理老照片，还翻出那一日全家

1-2. 吴山脚下的老街区

一起登山的合影,照片中父母头发黑亮,神态里还看不到衰老的痕迹。而我的样子简直可以用"惨不忍睹"四个字来形容,脸色煞白,嘴唇干裂,整个眼泡肿得像金鱼一样,眼睛眯成了一条缝,仿佛下一秒就能原地站着睡过去。

年纪大了回忆年少时,仿佛年少时光都带着闪闪的光环,其实细细究来,年少时做过多少荒唐事,又蹉跎过多少时光,哪里每一刻都是闪耀的!明明有各种彷徨、失落、无奈的灰色情绪,和青春的荷尔蒙揉在一起,这才是青春真实的模样。

如今每每路过吴山,我都会想起这段经历。也因为这段全家出游的回忆,我现在也爱带着孩子来爬吴山。来的次数多了,发现吴山之上大有乾坤。

从伍公山上山

城隍阁所在的城隍山是狭义上的吴山,广义的吴山是凤凰山余脉向北一折,包括紫阳、宝月、云居、七宝、石佛等一众小山形成的由西南至东北走向的山冈。别看地图上不大的地方,实则里面处处有景、

吴山脚下的老街区（冯静默/摄）

别有洞天。要真的把山上的各处有趣的地方都走一遍，没有个半天是不够的。一次性把吴山玩透的路线，最好从东北角的伍公山山门上山。穿过十五奎巷和中山南路交叉口的鼓楼进入河坊街一带，稍走几步路，左手边就有一个非常不起眼的门洞，写着"伍公山"三个字的匾额隐在屋瓦下，稍不留神就容易错过。沿着青石板路向上走，就算进了山。

吴山上祭祀历史人物的庙宇有伍公庙、城隍庙、施全庙等，其中伍公庙可以算得上是吴山最早的一座祠了。春秋战国时代，从楚国投奔吴王的伍子胥得到吴王阖闾赏识，帮助吴国实现了崛起，使其成为春秋末期的霸主之一。到了吴王夫差即位，伍子胥苦谏吴王夫差不要接受越国的投降，不要放越王勾践回去，然而都没被夫差采纳。最后他反而被谗言陷害，被夫差赐死，并被抛尸钱塘江上，那一年是公元前484年。吴国人十分同情伍子胥的遭遇，就为他在钱塘江边的山上建了祠。这段历史最早记载于《史记·伍子胥列传》，距今已有二千五百多年了。由这段历史也可引出"吴山"名字的由来，其中一个说法是因为山上最早建有伍公庙纪念伍子胥，故把这座山称为"胥山"，但时间一长，也有人称其为"伍山"，最后讹成了"吴山"。

民间百姓素喜祭拜忠臣，尽管伍公庙屡屡被毁，但又是人心所向之处，所以在历朝历代治下屡屡重建。这座吴山上最古老的庙宇，在悠悠历史长河中，民间的传说又为它增加了许多传奇色彩。北宋庆历三年（1043）重建伍公庙。嘉祐至熙宁年间（1056—1077），钱塘江海潮扰民。据传，伍子胥竟然在滔滔大浪中显灵，素车白马立于潮头之上，克住了滚滚江水，保佑杭城百姓平安。这一来二去，伍公遂成了"潮神"，更加受到老百姓的爱戴，伍公庙香火越发繁盛。

目前所存的伍公庙是清代遗存。21世纪初杭州市政府对伍公庙进行了综合保护和修复，整修后伍公庙占地面积844平方米，形成了神马门、御香殿、寝殿三进完整的建筑布局。御香殿正殿中央是伍子胥大夫的彩绘像，潮神殿中间立伍子胥潮神青铜像，背后是一幅白色浮雕石刻，上面刻绘架着素车白马的伍子胥形象。

带着孩子来爬伍公山，参观伍公庙，会在不经意间让他们收获一份与历史连接的奇妙感受。才刚刚读过书本里越王勾践卧薪尝胆的故事，这面前就出现了祭祀同时代人物伍子胥的庙宇。若是能清晰完整地了解这段历史，孩子便不会再简单地问谁是好人谁是坏人，而是会理解为什么在完全对立阵营的两个人都会成为后人争相传颂的人物。这才是站在二千五百年后的今天，重温历史的意义吧，这也是我热爱杭州这座城市的理由之一。

杭州这座城，是大众眼中的互联网之城、网红之城、智能制造之城，但底子里是一本厚重得不能再厚重的历史书。我们脚下的每一寸土地，都有那些耳熟能详的历史人物踏过的痕迹。人影重叠处，便是一段娓娓道来的故事，便是一曲余音袅袅的长恨歌。

出了伍公庙往西走几步，便是海会寺遗址。海会寺始建于吴越王时期，旧名

---

1. 朝天门
2. 伍公山
3. 鼓楼

1

2

3

伍公庙

"石佛智果院"。到了北宋大中祥符年间（1008—1016），改名为"积善海会寺"。20世纪50年代末被毁。寺里有观音宝阁，每遇旱涝，寺僧会迎上天竺的观音大士于此祈祷，海会寺也就是观音像进城之后的供奉之所，所以民间也把海会寺称为"观音娘家"。

人们在伍公庙里祈祷潮水退去，而又在旁边的海会寺祈雨，这两桩事在古代都是一等一的大事，都发生在吴山之上，可见吴山之于杭州城的地位，不可谓不高啊。

如此香火重地，却也是烟火气最重的地方。不信你再往前走几步，便是山顶开阔的空地，又名"州治广场"。广场左右两边，两间大茶楼相对而立，卖的是吴山民俗之一的"吴山大碗茶"，每人只需付茶位费，就可以无限续水坐上一整天，还可以自带吃食。这等实惠的事情，自然深受老杭州们的喜欢。双休日便不消说了，平日里来，这里也是本地爷叔阿姨们最爱的喝茶打牌好去处。州治广场遍布参天古树，约上三五老友挑个好天气坐在树荫下，用鲜活滚烫的开水泡一壶茶，饭点了还有正宗的葱油大排拌面和片儿川填肚子，吃

鼓楼

饱了打上几盘杭州双扣,这份悠然自得的惬意,需要天时地利人和才消受得起。

中兴东岳庙里的老物件

州治广场尽头,拾级而上,便是吴山上供奉东岳大帝的中兴东岳庙。如今这座庙是2006年杭州市政府依照清代的格局重新整修的,庙里有几样老物件值得说道一下。第一样老物件是第一进山门照壁背后的清代古戏台,它是杭州市目前现存的唯一一座清代古戏台。戏台上悬挂着一块匾额,上书"感发人心"四个大字。戏台掩映在庭院两棵高大的楸树之下,仔细一看,这两棵树已经有530多岁的高龄了。这两棵古楸树每年春天开出紫色花朵,美不胜收,这便是庙里的第二件文物。若是不提醒,就很容易错过楸树身后正殿檐下的一对蟠龙石柱,这是明末清初的老物件。这件古物与木桩通过榫卯结构结合在一起,牢牢撑起正殿的廊檐,实在叫人啧啧称赞。第四件老物件如今嵌在正门前的墙体里,是两根门廊的石刻,立于1869年。上面的文字今日细细读来,依然叫人回味:

> 赫赫威灵，五岳独尊于东岳；
> 茫茫宇宙，三才惟重于人才。

掐指算来，从1840年第一次鸦片战争开始到1912年清政府结束统治的这72年里，晚清社会各种弊端浮现，清廷昏暗、列强入侵、贵族骄横、百姓惨淡。在此时节，发出对人才的渴求之词，正当其时、振聋发聩。

这十米之内，已经连着出了四件古董，足可见吴山之上，处处有玄机。从东岳庙出来拾级而上，就有另一处遗址——有美堂遗址。

我第一次听说有美堂，是通过苏轼的一首并不大众的诗《有美堂暴雨》。

> 游人脚底一声雷，满座顽云拨不开。
> 天外黑风吹海立，浙东飞雨过江来。
> 十分潋滟金樽凸，千杖敲铿羯鼓催。
> 唤起谪仙泉洒面，倒倾鲛室泻琼瑰。

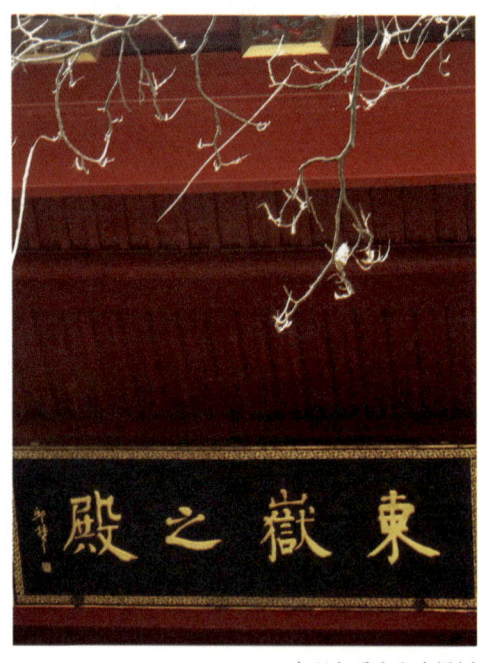

中兴东岳庙和古楸树

这首诗的风格和苏轼其他的诗作相比，更加豪放不羁，着实是我的心头好。诗中写到暴雨倾泻狂风呼啸下，站在有美堂之上，近可闻雨声震天如千锤击鼓，远可观

古戏台

钱塘江水翻滚如美酒溢出金杯。诗的最后一句更是想象力的巅峰，将全诗的立意拔高一筹。苏轼觉得这场暴雨犹如唐玄宗欲唤醒李白，往他脸上泼洒清水般，也是天帝要叫醒谪仙李白，让他写出美好的诗句。

而这首诗中的有美堂是何时何人所建呢？"有美"二字是取自北宋嘉祐二年（1057），梅挚出守杭州时，宋仁宗所赐诗《赐梅挚知杭州》的首句——"地有湖山美，东南第一州"。梅挚到杭州后，为了感谢皇帝的诗作，就在吴山之上建了这座有美堂。天时地利人和之下建起的有美堂，需要一位大学士写个记。而当时朝中最著名的大学士非欧阳修莫属。欧阳修未曾到杭，未曾亲眼见过有美堂，要从何写起？又要着眼于何处？酝酿了几年，终于在嘉祐四年（1059）八月，欧阳修完成了《有美堂记》。如今在遗址之上，有一块后人重修的碑，上面刻有《有美堂记》原文。

正对着有美堂遗址的对面，还有一处景观不得不提，那便是一棵有700多年树龄的樟树。这棵古树用石砖围砌了一圈，树下还有一块石碑，上刻"宋樟"二字。香樟树是杭州的市树，我现在依稀记得奶奶家有一口旧式的樟木柜子，小时候每次进奶奶家，都能闻到一股悠悠的香味，那就是樟木的味道。要倒推历史的话，吴山上的樟树其实是宋末元初时种的，因为宋朝人喜爱种樟树，认为樟树长寿，寓意朝代也能千秋万代延续，所以后人就将这些古樟树都称为"宋樟"。吴山上共有古树78棵，其中樟树就有47棵，而树龄在730年以上的有10棵，分布在有美堂到"吴山大观"石壁沿途。也许下次你去爬吴山的时候，不经意间就能碰上这些活文物。

步行至此，吴山上开阔的平地便逛完

了，再往前走几步，就是开篇介绍过的吴山大观和城隍阁景区。

至此，广义上的吴山就逛了一多半了。继续向南走，就进入紫阳山一带。

江湖汇观亭

从"吴山大观"石壁处一路向南，沿着指示牌便能找到江湖汇观亭。此亭位于紫阳山最高处，始建于20世纪80年代，建筑样式为"八角攒尖顶，重檐十六柱"。天气晴好之时，沿着旋转楼梯登临第二层，近能一睹城隍阁飞翘的屋檐似振翅欲飞的凤凰，远能眺望修长的保俶塔伫立在宝石山之上。其间一汪翠湖之上，来往游船在湖面拖出一条条白色的飘带。一静一动之间，杭城之美尽收眼底。此亭正面是明代才子徐渭的一副对联，上书"八百里湖山，知是何年图画；十万家烟火，尽归此处楼台"，磅礴气势一览无余。

感花岩上的岁寒三友

从江湖汇观亭出来，再往东北方向走，一路经过泼水观音像、瑞石古洞石林，便来到感花岩前。感花岩是一处摩崖石刻，如今外面搭起了一个亭子，使得这块岩石可以免受风雨侵袭。

这处摩崖石刻隶属于明代，主体分为三个部分，最早是明代的苏轼追随者将苏轼的《赏牡丹诗》竖行印刻在这块距离宝成寺不远处的石壁上。诗刻的左右两侧是明成化二十一年（1485）吴东升题刻的"岁寒松竹"四个字，字形为楷书，字径足足有半米见方，非常醒目。而诗刻上方的"感花岩"三个字是百年之后，明代辽王朱植的后裔朱术珣对整面摩崖石刻做的一个总结陈词。

"岁寒三友"指的是松、竹、梅,可这里题刻只题了"松竹"二字,梅花又在何处?原来这是古人和我们打的一个哑谜,只因这面墙壁在"竹"字的下方正好有一道贯穿"竹"字的裂纹,形似梅花,所以把这个"梅"字隐去,让大家自己来看,自己来猜。

一整面墙壁集齐了牡丹、桃花、松竹梅,这"感花岩"的题刻便是恰到好处了。然而我觉得更妙的是,在石壁外后人造的亭子外侧柱子上的一副楹联,又把这"感花岩"三个字的意境在不知不觉间提高了三分:

花落春风一弹指,人如玉局千秋知。

的确,看落花流水、物是人非容易让人心念大动,伤春悲秋,然而这就是大家不得不接受的自然规律。花期长不过数月,人寿长不过百年。绝大多数人都是过眼云烟,若是真想在这浩渺世间留下点什么,那看看"玉局"吧,这是一位千秋传颂的典范。这里的"玉局"指的是谁?还不是东坡先生啊。这块感花岩,感的是花,却又不止于花。来此处感花的每一位,恐怕心里没说出来的那一部分,都是在与一千年前的东坡先生做精神链接吧。

宝成寺内的元代造像

游行至此,大约已是杭州人文游的巅峰了。腿脚已如缚千斤巨石,内心却如飞上九天云雾般欢腾。若是还有兴致,那就最后到访下苏轼诗中的这座宝成寺吧。是的,这座建于后晋的寺庙如今还在,寺院坐落于紫阳山的东面,山门正对着大马弄小区,山门不大仅能容两人并排通过。然而就是这座看似不起眼的寺庙,是杭州市区仅有的一座藏传佛教寺院。寺内岩壁上镌刻着一龛元代的麻曷葛剌造像,是国内唯一有绝对纪年的此类造像。

寺院不大,一共两进。第一进的门厅两边各有一只藏式转经筒,上面绘制的图

感花巖

松竹歲寒

春風小院卻來時 壁間唯見使君詩
應問使君何處去 憑君說與春風知

十里東南華西嚴雌之右峰
何前桂田楷作東坡

熙寧壬子四月廿四日題

感花岩

宝成寺内的元代造像

案异常精美，竟胜于我在拉萨寺庙里看到的转经筒。穿过寺院介绍的屏风，里面是一个开阔的院子，正对着的是一整面石刻。最中间是三世佛造像，佛头是后来修复的时候新安上去的，佛身、莲花座为原先的旧物。左边龛内现如今是莲花生造像，也是修复时增加的，原先龛内的大石像以及周围八小龛内的小石像已经损毁日久。最右边的石龛内，是唯一保存完好的麻曷葛剌石像组，只因当时造像被煤渣墙遮挡，才得以在特殊时期免遭破坏幸运保存。1981年，宝成寺被列为浙江省级重点文物保护单位时，造像还没有被找到。其后三年，在文物二次普查期间，经过拆墙之后，这尊造像才重见天日。造像正中间是麻曷葛剌造像，左右两边是文殊、普贤菩萨分别骑在狮子和大象之上。

吴山宝成寺里这座元代造像，背后的故事真要细究起来可以写一篇论文。比如大黑天两边的左右胁侍，虽然坐骑是青狮和大象，但也有学者通过整体造像的布局，以及造像本身手持的法器认为不应是文殊和普贤菩萨，而是骑狮大黑天和骑象帝释天。

都说吴山是座"俗山"，然而在我看来，越往深处探寻，越觉出它的雅致来。其实从根本上说，大俗与大雅，差别本就在一念之间。

你是要隐于野，还是要隐于市，又或是要隐于朝，也都在你的一念之间。

东坡的《表忠观碑》残碑在杭州找到了！

欧阳修为吴越之美写了《有美堂记》，他的学生苏轼也为缔造了吴越之美的钱王写过《表忠观碑》。

《表忠观碑》对彼时的钱塘做了如下描述："而吴越地方千里，带甲十万，铸山煮海，象犀珠玉之民，甲于天下，然终不失臣节，贡献相望于道。是以其民至于老死不识兵革；四时嬉游，歌鼓之声相闻，至于今不废。其有德于斯民甚厚。"

一千年后，还能在杭州看到《表忠观碑》吗？答案是可以的！

西湖边南山路柳浪闻莺公园北边的钱王祠正是纪念吴越国钱氏三世五代国王的地方，里面还藏有苏轼写的《表忠观碑》的宋朝石刻残碑以及明嘉靖年间（1522—1566）的四块石碑中的三块，弥足珍贵。对了，如果你在二月里去钱王祠，还能遇上白梅盛开。红墙黛瓦之下白梅花开，这便是江南初春最富诗意的景致。

后 记

　　这本书的写作过程，欢乐大于痛苦。即使过程中有痛苦的部分，但从痛苦里熬出来，最终也被意料之外的更大欢乐所取代。在整本书即将付梓的时刻，我不禁感叹：何其有幸，我为杭州只做了一件小事，她却回馈我无穷的瑰宝。

　　我的第一个收获，是看的书积累到一定程度，我认知中的杭州慢慢起了变化。拨开习以为常的皮相美景，我看到了她的骨相美，一点一点展示在我面前。我看到了这座城市钢筋混凝土之下的骨架，看到了历经千年岁月，一代一代热爱杭州的人如何对骨架做延展，如何为她注入灵魂、如何为她穿戴上华冠丽服。我眼中的杭州，不再是追随潮流的少女，再看她时，眼眸里已经有了更深的觉察与淡然。原来她一直知道自己是遗世独立的，是不可复制的，是我不明就里，后知后觉。

　　杭州赠予我的第二个瑰宝，是让我喜欢上了那些不会说话也不会动的石头。这件事放在一年前，我自己也是断然不会相信的。我在写书之前去过很多次宝石山，却没有一次是从大佛寺那条路上山，也从没见过大佛寺遗址、宝石山造像群；我也往石屋洞去过很多次，没有一次真正在那块写有"陈襄、苏颂、孙奕、黄颢、曾孝章、苏轼同游，熙宁六年二月二十一日"这25个字的石刻前驻足观摩，也从没想过有一天我会在那块石刻附近找来找去，去找它的原刻；我从小就会往吴山上跑，但是从来不知道吴山后山上藏着一座近1000年历史的寺庙，寺庙里还有一龛元代的麻曷葛剌造像，竟然是全国仅存的有绝对纪年的此类造像。当我不断翻阅史料，这些经年累月藏在石头里的线索一点一点显现出来。我就像一个寻宝人，在杭州这座巨大的宝库里乐此不疲地翻寻宝贝，亲手去触摸、亲眼去见证，越找越入迷。我终于能够理解那些愿意"与古为徒"的金石爱好者们了。

　　我的第三个收获，是在阅读和写作过程中遇到了许多良师益友，让我在写作内容与行文手法上受到很大启发。石屋洞与苏轼有关的那几行新刻的碑文是根据杭州一位收藏家高先生早年收藏的原刻拓片复刻上去的。我在研究这个事情的时候，偶然发现这位高先生家族里，还出了一位作家——高诵芬女士，她与她的长子合写了一本与杭州有关的传记体回忆录——《山居杂忆》。我收到书的当天晚上，翻开书，一读读到半夜，放不下来。这样的情形已经好久没有出现了。高老师写书时已经年近八十，历经沧桑的老人在安享晚年之际，用一种饱经风霜后最最平实的语言，从第一视角出发，与她的长子一起合作，写下记忆里杭州的民俗风貌，家中各位长辈、平辈、佣人的故事，还有她结婚、搬家、逃难等等人生重大事件的经历。这样的文字，我读着读着心就踏实起来。高老师的文字，为我照亮了未来的写作道路。不用太华丽的语言，也不用堆砌辞藻、编织各种吸引眼球的故事情节，把自己放进生活里，顺着人生的河流往前走，生活自会讲出一个好故事来。

我十二分感谢我的朋友，也是我唯一认识的在出版社工作的友人，当我和他提起想写一本在杭州爬山的书并征求他的意见时，得到了斩钉截铁的回复：可以啊！这对第一次写作的人来说，是莫大的鼓舞。于是我在浑然不知出版一本书需要经历哪些环节的前提下，开始了写作之旅。后来我又陆续认识了出版社的编辑老师和美编老师，老师们给我的文字内容提了很多建设性的意见，也对这本书的图片内容提供了很多助力，我都一一听取、采纳，融入整本书的创作中。在后期我又遇上了非常优秀的插画团队，和插画师们通力合作，向读者呈现用手绘风格打造的杭州登山路线和沿途风景。

我还要特别感谢我的大儿子，他为本书创造了一个全新的卡通人物形象——山仔。他一开始用纸笔作画，之后在编辑老师的建议下，学着用先进的生产工具——直接画电子稿。在他的画笔下，山的形象被拟人化了：它会奋勇登山，也会拍照打卡；会念经拜佛，也会喝茶喝咖啡；春夏秋冬刮风下雨抑或是烈日当头，总有一款山仔在书中等着读者们去发现。和他一起创作的过程，偶有争执，大多数时候都是欢笑声不断。我每每被少年丰富的想象力以及表现力所折服，以至于在书稿的后期，山仔的形象反过来给了我创作的灵感。我专门在每篇文章的最后为山仔增加了一个"讲冷知识"的板块，"用俏皮的语言讲一本正经的事"——这非常符合少年笔下的山仔形象。

当然，一碗水还是要端平的。我要感谢我所有的家人朋友，在过去的两年里陪我一次次爬山。大多数情况下，我是登山活动的发起人，大家是被我"拖着"去爬山的。但有一个人是个例外，那就是我的小儿子。有好几次都是在他的提议下，我们全家出门去爬山。如果不是因为他的一句话，我不会在一月刚下完雨的第二天，气温在零度以下的日子里去爬北高峰；也不会在近40度的高温天里，走出空调房，去玉皇山紫来洞里避暑。如果没有他的坚持，我也不会在他晕车吐了一整车之后，（极为不）淡定地去商场里买一身新衣服给他换上，然后继续去爬九曜山，见识了十二月才是杭州美景的天花板。小小的孩子是我生命力的延续，也许在未来的日子里，童年埋下的小小种子会发芽长大，他会去攀登世界上大大小小的山，也许有一天，他会向世界最高峰发起冲刺。

我还要感谢我的好友唐小姐。当我小心翼翼地向她透露我的写作计划时，她对我展现出了十二分的善意。当我把初稿发给她看的时候，我都没意识到她的本职工作是互联网产品经理。她利用出差坐飞机的间隙，帮我审阅了稿件，并把意见仔细整理成文档反馈给我，从打造一款产品的视角提出了很多有用的建议。比如应该给山仔专门写一篇人物简介，介绍一下它，"否则我以为它是一只粽子"。人到中年，还能有这样畅快交流的朋友，真是人生一大幸事。

最后我还要感谢一位素未谋面的朋友，《亭留》和《超时空西湖》的作者远方老师。我因为要写吴山上的江湖汇观亭而去网上查阅资料，在豆瓣上找到他 2015 年发的帖子介绍这座亭子。文中他对亭子的形制、历史、人文典故娓娓道来，让我钦佩。我顺着他在帖子末尾留下的联系方式和他取得了联系，说明来意后想求购一本《亭留》，没想到他竟一秒都没有犹豫，把书的电子版一键发送给了我。我震惊了。我有些难以置信地点开电子稿，里面是他写的杭州的 100 座亭子，一字未删。虽然我到今天还没抽出时间去参加他创办的"树下 Free Tree"亲子研学活动，和他见上一面，当面感谢他，但我相信，他一定和我一样，也是一位热爱杭州的人。

有一次，我和我的编辑老师闲聊时，她问起写完这本书我有何打算，会不会开始走出去，写写杭州以外的风景。我想了想，掏出手机打开备忘录，给她看我早就列好的另外 12 座杭州的山。我和她相视一笑。杭州的山，我还没有爬完，也还没有写完。如果有机会继续写作的话，我会把心目中值得一去的另外 12 座山和它们的故事，也一一呈现在读者面前！

参考书目

1. 张岱．西湖梦寻注评 [M]．林邦均，注评．上海：上海古籍出版社，2013.
2. 孟元老．东京梦华录 [M]．王永宽，注译．郑州：中州古籍出版社，2010.
3. 周密，朱廷焕．武林旧事 [M]．谢永芳，注评．郑州：中州古籍出版社，2019.
4. 吴自牧．梦粱录 [M]．北京：中国商业出版社，2023.
5. 西湖揽胜 [G]．杭州：浙江人民出版社，1979.
6. 马时雍．杭州的山 [M]．杭州：杭州出版社，2010.
7. 田飞，李果．寻城记·杭州 [M]．北京：商务印书馆，2012.
8. 本书编委会．杭州简史 [G]．杭州：杭州出版社，2016.
9. 司马一民．诗里杭州 [M]．杭州：浙江工商大学出版社，2019.
10. 吴晓波．人间杭州 [M]．杭州：浙江大学出版社，2022.
11. 张鸿声．杭州文学地图 [G]．北京：北京大学出版社，2023.
12. 陈云飞．四时幽赏：在西湖的诗意栖居 [G]．杭州：浙江摄影出版社，2024.
13. 《西湖历》编委会．西湖历 [G]．杭州：浙江摄影出版社，2024.
14. 司马一民．白居易：与君约略说杭州 [M]．杭州：浙江教育出版社，2022.
15. 司马一民．苏东坡：前生我已到杭州 [M]．杭州：浙江教育出版社，2023.
16. 王水照，崔铭．苏轼传 [M]．北京：人民文学出版社，2019.
17. 远方．亭留 [M]．成都：四川科学技术出版社，2016.
18. 远方．超时空西湖 [M]．杭州：浙江工商大学出版社，2020.
19. 高诵芬，徐家祯．山居杂忆 [M]．广州：花城出版社，2022.
20. 伊永文．宋代市民日常生活 [M]．北京：中国工人出版社，2018.
21. 梁志宾．风雅宋 [M]．北京：中国财政经济出版社，2014.
22. 杭州师范大学艺术教育研究院．西湖石窟艺术研究 [G]．杭州：西泠印社，2019.
23. 李惠东．佛陀的微笑 [M]．桂林：漓江出版社，2020.
24. 常青．中国石窟简史 [M]．杭州：浙江古籍出版社，2021.
25. 王建舜．北魏云冈 [M]．太原：三晋出版社，2004.
26. 余世存，老树．时间之书 [M]．北京：中国友谊出版公司，2017.
27. 申赋渔．光阴 [M]．北京：北京十月文艺出版社，2021.
28. 约翰·缪尔．夏日走过山间 [M]．邱婷婷，译．上海：上海译文出版社，2014.
29. 高村光太郎．山之四季 [M]．王珏，译．昆明：云南人民出版社，2017.

责任编辑：陈 一
装帧设计：巢倩慧
责任校对：王君美
责任印制：陈震宇

封面摄影：央央 Wesley-
图片版权：冯静默、回音、王莉、央央 Wesley-、张增轲

图书在版编目（CIP）数据
走，爬山去 / 回音著. -- 杭州：浙江摄影出版社，
2025. 5. -- ISBN 978-7-5514-5401-8
Ⅰ. G881-62；G826-62
中国国家版本馆CIP数据核字第2025B5S462号

ZOU, PASHAN QU
走，爬山去

回音 著

全国百佳图书出版单位
浙江摄影出版社出版发行
　　地址：杭州市环城北路177号
　　邮编：310005
　　电话：0571-85151082
　　网址：www.photo.zjcb.com
制版：浙江新华图文制作有限公司
印刷：杭州捷派印务有限公司
开本：710mm×1000mm　1/16
印张：11.75
字数：230千字
2025年5月第1版　2025年5月第1次印刷
ISBN 978-7-5514-5401-8
定价：68.00元